Inhalt

Einleitung

Wir alle kennen die pathetischen Bilder aus vergangenen Tagen, aus Revolutionen oder Kriegen, auf denen mutige Träger die Fahne ihres Landes hochhalten oder stolz den Sieg ihrer Partei verkünden. Doch Flaggen gehören nicht allein der Geschichte an. Ein kurzer Blick in die Fernsehnachrichten und die tägliche Sportberichterstattung genügt, um zu sehen, dass Nationalflaggen auch heute allgegenwärtig sind. Ob ein Reporter vor den wehenden Bannern am UNO-Gebäude in New York steht, ob ein Olympiasieger vor der Landesflagge Tränen des Glücks vergießt oder ob fanatische Demonstranten die Fahne ihres politischen Feindes in Stücke reißen und verbrennen – Nationalflaggen sind das wichtigste Symbol souveräner Staaten und für viele Menschen mit großen Emotionen verbunden.

Ziel dieses Buches ist es, die Sinnbilder des nationalen Selbstverständnisses zu entschlüsseln. Es soll dazu dienen, alle Nationalflaggen der Welt anhand ihrer wichtigsten Merkmale schnell und zuverlässig zu bestimmen, und gibt Aufschluss über Geschichte und Bedeutung der verwendeten Symbole und Farben. Daneben finden sich die interessantesten Grunddaten eines Landes und seiner Bevölkerung. Wussten Sie zum Beispiel, dass in Monaco mehr als 17 000 Menschen pro Quadratkilometer leben, in den USA dagegen nur 29 Menschen?

Alle Flaggen der Welt Teil 1

Der Autor:

Dirk Wagner, Jahrgang 1967, ist freier Autor und Lektor mit den Themenschwerpunkten Reiseliteratur und Landeskunde.

Einem geschichtlichen Abriss zur Entwicklung der Flaggen folgen die aktuellen Flaggen der derzeit 192 international anerkannten, souveränen Staaten in alphabetischer Reihenfolge, natürlich mit Abbildungen jeder Flagge, sowie einer Kurzbeschreibung der Bedeutung und Geschichte. Einige wichtige historische und internationale Flaggen schließen sich in zwei Extrakapiteln an. Beim Stichwort Deutschland findet man neben der Nationalflagge einen Überblick über die Flaggen der deutschen Bundesländer. Ein A bis Z der Flaggenfachbegriffe sowie ein ausführlicher Kartenatlas zur geografischen Einordnung aller Staaten schließen diesen kleinen Flaggenführer ab.

Geschichte der Flaggen

Der Ursprung der Flaggen bzw. der flaggenähnlichen Symbole liegt weit zurück. Mittels grafischer Symbole wurden schon vor über 5000 Jahren Anwesenheit und Einfluss wichtiger Personen oder Götter an einem bestimmten Ort angezeigt. Ein nächster Schritt auf dem Weg zur heutigen Flagge war die Anbringung dieser Zeichen auf Stangen. Die Ägypter befestigten erstmals Wimpel an Standarten und benutzten sie als Erkennungszeichen für Truppenteile, wie ein Fund aus dem 12. Jahrhundert v. Chr. beweist.

Diesen Erkennungszeichen wuchs mit der Ausweitung von Handel und Kriegen bald der Charakter nationaler Symbole zu.

Die Phönizier brachten als Erste Flaggstöcke auf ihren Schiffen an, die Römer systematisierten die Verwendung von Standarten in ihren Legionen, wobei das Vexillum, das Abzeichen kleinerer Abteilungen, die erste Stoffstandarte in Europa war (etwa 4. Jahrhundert v. Chr.). Zur Kennzeichnung einzelner Truppenteile waren in China schon zu Beginn unserer Zeitrechnung wehende Flaggen in Gebrauch, bei denen das Tuch erstmals seitlich an einem Flaggenstock befestigt war. Im Mittelalter, genauer: in der ersten Hälfte des 12. Jahrhunderts, wurde die Verbreitung von Wappen und persönlichen Flaggen begünstigt. Da der Ritter unter seiner Rüstung nicht zu erkennen war, trugen er und sein Gefolge ein Abzeichen. Während im Abendland bildhafte Symbole üblich waren, trugen die orientalischen Flaggen häufig Schriftzeichen, da der Koran figurale Darstellungen verbietet.

Die Kreuzzüge mit ihren aus den verschiedensten Völkern zusammengesetzten Heeren förderten die Bedeutung der Flaggen als nationale Symbole. Die Flaggen der Fürsten entwickelten sich zunehmend zu »Herrschaftswappen«: Sie kennzeichneten nicht mehr nur die Person des Fürsten, sondern auch sein Territorium. Eine wichtige Voraussetzung für diesen Bedeutungswandel war, dass Herrschaftswappen allgemein erblich wurden. So konnten sich die Flaggen über lange Zeiträume als Zeichen eines Fürstengeschlechtes und damit auch des Fürstentums etablieren.

Die Flaggen einiger Staaten gehen auf Kreuzfahrerflaggen zurück, so z. B. die Flaggen Dänemarks oder Englands. Ausgedehnte Feldzüge machten bald die Herstellung von Flaggen in großen Stückzahlen nötig, was eine Reduzierung der Gestaltungsmerkmale auf die wichtigsten Farben und Formen des ursprünglichen Wappens mit sich brachte.

Die Nationalitätsflaggen gewannen im 16. Jahrhundert auch auf See als Erkennungsmerkmal im Gefecht zunehmend an Bedeutung. Viele militärische Zeremonien gehen auf die überlieferten Traditionen der Seestreitkräfte zurück. Die Entdecker und Eroberer des amerikanischen Kontinents führten Flaggen mit sich, die sie zum Zeichen der Inbesitznahme in der Neuen Welt aufstellten.

Dass eine Flagge nicht nur Staat und Regierung, sondern auch die gesamte Bevölkerung repräsentiert, zeigt sich erstmals in der »Stars and Stripes« des US-amerikanischen Unabhängigkeitskrieges (1775–1783).

Mit der französischen Trikolore, der Flagge der Revolution von 1789, gewann die Flagge eine neue Dimension als Ausdruck eines politischen Glaubensbekenntnisses und als Symbol der Macht des Volkes, was sie zum Vorbild vieler anderer Nationalflaggen werden ließ. Alle späteren Revolutionen und Unabhängigkeitsbewegungen verwendeten als identitätsstiftendes Mittel eigene Flaggen, deren Farben und Symbole oft die Vorlage für die Nationalflaggen neu entstandener Staaten bildeten.

Afghanistan

→ S. 118

Staatsform: Republik
Einwohner: 24,405 Mio.
Fläche: 652 225 km²
Hauptstadt: Kabul
Bevölkerungsdichte: 37 Ew./km²
Amtssprache: Paschtu, Dari
Religion: Muslime 99 %, andere 1 %

Bedeutung Schwarz symbolisiert die dunkle Vergangenheit, Rot den Freiheitskampf und Grün die erreichte Unabhängigkeit. Das Staatswappen zeigt eine Moschee mit Bethalle und Kanzel sowie das islamische Glaubensbekenntnis »Shahada« und den im Spruchband eingesetzten Text »Übergangsregierung von Afghanistan«.

Geschichte Die Farben waren schon von 1928 bis 1974 und von 1980 bis 1992 auf Flaggen des Landes zu sehen. Die Interimsregierung unter Hamid Karsai führte die jetzige Flagge am 05.02.2002 ein.

Ägypten

→ S. 121

Staatsform: Präsidiale Republik
Einwohner: 63,986 Mio.
Fläche: 997 739 km²
Hauptstadt: Kairo
Bevölkerungsdichte: 64 Ew./km²
Amtssprache: Arabisch
Religion: Muslime 94 %, andere 6 %

Bedeutung Rot erinnert an die Revolution 1952, Weiß symbolisiert eine strahlende Zukunft und Schwarz steht für die dunkle Vergangenheit. Der goldene Adler Saladins ist eine Idolfigur der arabischen Einheit. In seinen Fängen hält er ein Schriftband mit dem Namen des Staates.

Geschichte Die Flagge geht auf die seit 1953 verwendete Arabische Befreiungsflagge zurück. Mit zwei grünen Sternen in der Mitte war sie die Flagge der Vereinigten Arabischen Republik. Offiziell gehisst wurde die heutige Version am 04.10.1984.

Albanien

→ S. 117

Staatsform: Parlamentarische Republik
Einwohner: 3,365 Mio.
Fläche: 28 748 km^2
Hauptstadt: Tirana
Bevölkerungsdichte: 117 Ew./km^2
Amtssprache: Albanisch
Religion: Muslime 70 %, Alban.-Orth. 20 %, Katholiken 10 %

Bedeutung Der schwarze doppelköpfige Adler ist ursprünglich das Wappen des Byzantinischen Reichs (später auch des Heiligen Römischen Reichs, Österreich-Ungarns und Russlands), dem Albanien einst angehörte. Zudem verweist der Adler auf den Eigennamen des Volkes (»Adlervolk«).

Geschichte Der Doppeladler auf rotem Grund ist die Staatsflagge seit der Unabhängigkeit vom Osmanischen Reich 1912. Von 1946 bis 1992 war über dem Adler der gelb geränderte rote Stern des Kommunismus hinzugefügt.

Algerien

→ S. 120

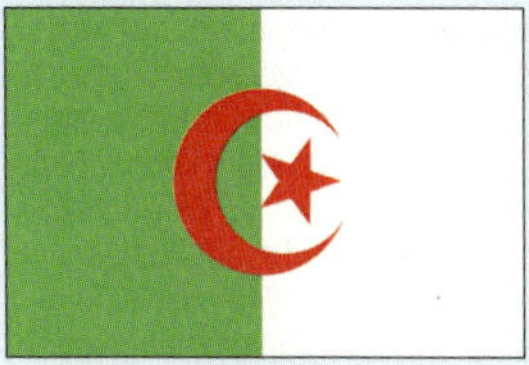

Staatsform: Präsidiale Republik
Einwohner: 31,194 Mio.
Fläche: 2 381 740 km^2
Hauptstadt: Algier
Bevölkerungsdichte: 13 Ew./km^2
Amtssprache: Arabisch
Religion: Muslime 99 %, Christen und Juden 1 %

Bedeutung Grün ist die Farbe, Halbmond und Stern sind die Symbole des Islam. Rot steht für Freiheit (oder für Sozialismus), Weiß steht für Rechtschaffenheit und Lauterkeit. Schon der Nationalheld Abd al-Kádir führte in seinem Kampf gegen die Franzosen bis 1847 Weiß in seiner Standarte.

Geschichte Die Flagge tauchte erstmals 1925 bei antifranzösischen Demonstrationen auf. Bis zur Unabhängigkeit Algeriens war das Hissen der Flagge streng verboten. Offizielle Nationalflagge ist sie seit dem 03.07.1962.

Andorra

→ S. 116

Bedeutung Gelb und Rot sind die spanischen Farben, Blau und Rot sind zwei Farben der französischen Trikolore. Im Wappen steht die Mitra für den Bischof von Urgel, drei rote Pfähle für die Grafen von Foix, vier rote Pfähle für Katalonien, die Kühe für die Grafen von Béarn.

Staatsform: Konstitutionelles Fürstentum
Einwohner: 64 000
Fläche: 467,76 km^2
Hauptstadt: Andorra la Vella
Bevölkerungsdichte: 137 Ew./km^2
Amtssprache: Katalanisch
Religion: Katholiken 94 %, andere 6 %

Geschichte Seit 1806 war die Flagge Andorras zweifarbig: gelb und rot. Um den französischen Einfluss auf den kleinen Pyrenäenstaat zu betonen, wurde unter Napoleon III. um 1867 der blaue Streifen hinzugefügt.

Angola

→ S. 121

Bedeutung Das im Unabhängigkeitskampf vergossene Blut wird durch Rot symbolisiert, Schwarz steht für Afrika, Gold versinnbildlicht die natürlichen Reichtümer des Landes. Zahnrad, Buschmesser und Stern zeigen die Inspiration durch die Flagge der ehemaligen Sowjetunion.

Staatsform: Präsidiale Republik
Einwohner: 10,145 Mio.
Fläche: 1 246 700 km^2
Hauptstadt: Luanda
Bevölkerungsdichte: 8 Ew./km^2
Amtssprache: Portugiesisch
Religion: Christen 90 %, in ländlichen Gebieten v. a. tradit. Religionen

Geschichte Als Vorlage diente die Flagge der marxistischen Befreiungsbewegung MPLA – rot-schwarz mit gelbem Stern. Nach der Erlangung der Unabhängigkeit von Portugal wurde die Nationalflagge am 11.11.1975 eingeführt.

Antigua und Barbuda → S. 125

Bedeutung Der Keil steht als Victory-Zeichen für den Sieg über den Kolonialismus. Rot symbolisiert die Tatkraft der Bevölkerung, Schwarz deren afrikanische Herkunft, Blau die Hoffnung und das Meer, Weiß den Sand, die aufgehende Sonne den Anfang eines neuen Zeitalters.

Staatsform: Parlamentarische Monarchie
Einwohner: 66 400
Fläche: 442 km^2
Hauptstadt: St. John's
Bevölkerungsdichte: 150 Ew./km^2
Amtssprache: Englisch
Religion: Anglikaner 87 %, Katholiken 10 %, andere 3 %

Geschichte Die Flagge wurde am 27.02.1967, als den Inseln die Selbstverwaltung gewährt wurde, eingeführt. Sie ist das Ergebnis eines Ideenwettbewerbs und stammt von Reginald Samuel. Die attraktive Gestaltung wirbt für den Fremdenverkehr.

Äquatorialguinea → S. 120

Bedeutung Blau versinnbildlicht das Meer, Grün den Reichtum des Landes, Weiß den Frieden, Rot das im Freiheitskampf vergossene Blut. Die sechs Sterne über dem Seidenwollbaum im Staatswappen symbolisieren das Festlandgebiet und die fünf Inseln.

Staatsform: Präsidiale Republik
Einwohner: 453 000
Fläche: 28 051 km^2
Hauptstadt: Malabo
Bevölkerungsdichte: 16 Ew./km^2
Amtssprache: Spanisch
Religion: Christen 89 %, andere 11 %

Geschichte Am 12.10.1968 wurde die Flagge anlässlich der Unabhängigkeit eingeführt. Unter dem Seidenwollbaum soll 1843 der erste Vertrag zwischen Spanien und dem König von Bata geschlossen worden sein. Auf dem Spruchband steht in Spanisch »Einheit, Frieden, Gerechtigkeit«.

Argentinien

→ S. 126

Staatsform: Bundesrepublik
Einwohner: 37,032 Mio.
Fläche: 2 780 200 km²
Hauptstadt: Buenos Aires
Bevölkerungsdichte: 13 Ew./km²
Amtssprache: Spanisch
Religion: Katholiken 90 %, Juden 2 %, andere 8 %

Bedeutung Die Farben gehen auf die blauen und weißen Kokarden zurück, die zu Beginn des Unabhängigkeitskampfes gegen Spanien am 25.05.1810 in Buenos Aires verteilt wurden. An diesen Tag erinnert auch die Mai- oder Freiheitssonne, welche in die Staatsflagge aufgenommen wurde.

Geschichte Die Flagge ist ein Entwurf des Freiheitshelden und Generals Manuel Belgrano, der schon seine Truppen unter blauweißen Fahnen führte. Offiziell eingeführt wurde sie am 25.07.1816. Die »Sol de Mayo« kam 1818 hinzu.

Armenien

→ S. 118

Staatsform: Präsidiale Republik
Einwohner: 3 803 400
Fläche: 29 800 km²
Hauptstadt: Eriwan
Bevölkerungsdichte: 128 Ew./km²
Amtssprache: Armenisch
Religion: Armenisch-Apost. 94 %, andere Christen und Muslime 6 %

Bedeutung Die Farbe Rot steht für die Unabhängigkeit und für das Blut, das in den Kämpfen gegen die türkischen Besatzer vergossen wurde, Blau für die Landschaft (und damit für den unveränderlichen Charakter des Volkes) und Orange für die Kraft und den Mut der Armenier.

Geschichte Die Flagge wurde am 22.04.1908 erstmals angenommen. Erst nach der Auflösung der Sowjetunion und der damit erreichten Unabhängigkeit wurde sie am 23.09.1991 wieder Staatsflagge.

Aserbaidschan

→ S. 118

Staatsform: Präsidiale Republik
Einwohner: 7,669 Mio.
Fläche: 86 600 km²
Hauptstadt: Baku
Bevölkerungsdichte: 89 Ew./km²
Amtssprache: Aserbaidschanisch (Azeri)
Religion: Muslime 93 %, andere 7 %

Bedeutung Blau ist die Farbe der Aser, steht aber auch für den Himmel. Rot symbolisiert die Freiheit (oder die Kulturentwicklung) und Grün die Fruchtbarkeit des Landes. Die Farbe Grün, der Halbmond und der Stern sind islamische Symbole, wobei die acht Zacken des Sterns die acht Völker des Landes symbolisieren.

Geschichte Die Flagge wurde von dem Dichter Ali Bey Hussein Zade geschaffen und war bereits von 1918 bis 1920 Staatsflagge. Nach dem Zerfall der Sowjetunion wurde sie modifiziert am 05.02.1991 wieder eingeführt.

Äthiopien

→ S. 121

Staatsform: Demokratische Bundesrepublik
Einwohner: 65,891 Mio.
Fläche: 1 130 139 km²
Hauptstadt: Addis Abeba
Bevölkerungsdichte: 58 Ew./km²
Amtssprache: Amharisch
Religion: Muslime 45 %, Kopten 40 %, andere 15 %

Bedeutung Grün steht für das Land und die Hoffnung, Gelb für Frieden und Liebe, Rot für Stärke. Die Sonnenstrahlen im Emblem symbolisieren Wohlstand, der Stern gleichzeitig Vielfalt und Einheit des äthiopischen Volkes.

Geschichte Die Farben Grün, Gelb und Rot wurden erstmals 1895 unter Kaiser Menelik verwendet. Die jetzige Flagge mit dem Emblem wurde mit der Absetzung des marxistischen Mengistu-Regimes (1974–1991) eingeführt.

Australien

→ S. 122

Bedeutung Der Union Jack verweist auf die Verbindung zu Großbritannien. Der siebenstrahlige Stern darunter repräsentiert die Bundesstaaten. Die Sternenkonstellation »Kreuz des Südens« ist ein im pazifischen Raum weit verbreitetes Zeichen.

Geschichte Schiffe von Kolonialregierungen durften seit 1865 den »Blue Ensign« – den Union Jack in der linken oberen Ecke auf blauem Grund – mit einem zusätzlichen Abzeichen führen. Entstanden ist die Flagge aus einem Preisausschreiben 1909, offizielle Nationalflagge seit 1954.

Staatsform: Parlamentarisch-demokratische Monarchie im Commonwealth
Einwohner: 19,358 Mio.
Fläche: 7 682 300 km²
Hauptstadt: Canberra
Bevölkerungsdichte: 3 Ew./km²
Amtssprache: Englisch
Religion: Christen 71 %, Atheisten 17 %, andere 12 %

Bahamas

→ S. 125

Bedeutung Gelb repräsentiert die Sandstrände der Inseln bzw. die Inseln selbst, die flankierenden blauen Streifen stehen für das Meer. Das schwarze Dreieck am Mast steht für die Einheit des Volkes und dessen Kraft, die reichen Ressourcen der Inseln und des Meeres zu nutzen.

Geschichte Die Flagge ist das Ergebnis eines Ideenwettbewerbs, der 1971 anlässlich der bevorstehenden Unabhängigkeit von Großbritannien durchgeführt wurde. In der Nacht vom 9. auf den 10. Juli 1973 wurde die neue Flagge schließlich feierlich gehisst.

Staatsform: Parlamentarische Monarchie im Commonwealth
Einwohner: 278 000
Fläche: 13 939 km²
Hauptstadt: Nassau
Bevölkerungsdichte: 20 Ew./km²
Amtssprache: Englisch
Religion: Protestanten 52 %, Katholiken 19 %, Methodisten 6 %, andere 23 %

Bahrain

→ S. 118

Bedeutung Rot ist die Farbe der Kharijtischen Moslems und war am Persischen Golf weit verbreitet. Bahrain folgte den Vorgaben des britischen Befriedungsvertrags von 1820 erst im 20. Jh. und fügte der einfarbigen Flagge einen weißen Streifen hinzu.

Staatsform: Monarchie
Einwohner: 630 000
Fläche: 707,3 km^2
Hauptstadt: Manama (Al-Manamah)
Bevölkerungsdichte: 891 Ew./km^2
Amtssprache: Arabisch
Religion: Muslime 85 %, Christen 7 %, andere 8 %

Geschichte Die Trennlinie wurde entweder gerade oder gezackt ausgeführt. Erst seit 2002 ist die Anzahl der Zacken offiziell auf fünf festgelegt.

Bangladesch

→ S. 118

Bedeutung Grün ist die Farbe des Islam, steht aber auch für den Pflanzenreichtum. Der rote Kreis symbolisiert die Sonne der Freiheit und damit den Unabhängigkeitskampf gegen die britischen Besatzer in den dreißiger Jahren des 19. Jahrhunderts.

Staatsform: Parlamentarisch-demokratische Republik
Einwohner: 127,118 Mio.
Fläche: 147 570 km^2
Hauptstadt: Dhaka (Dacca)
Bevölkerungsdichte: 861 Ew./km^2
Amtssprache: Bengali
Religion: Muslime 87 %, Hindus 12 %, andere 1 %

Geschichte Der Entwurf der Flagge zeigte ursprünglich noch die gelb gehaltenen Landesumrisse in dem roten Kreis. Nach dem auf die Unabhängigkeitserklärung 1971 folgenden Krieg mit Pakistan wurde am 25.01.1972 die jetzige Version eingeführt.

Barbados

→ S. 125

Bedeutung Die blauen Streifen symbolisieren das Meer und den Himmel, dazwischen steht das Gold (Gelb) für die Strände. Der Dreizack zeigt die enge Verbundenheit der Bewohner mit dem Meer. Der fehlende Stiel soll den Bruch mit der finsteren Vergangenheit zeigen.

Staatsform: Parlamentarische Monarchie im Commonwealth
Einwohner: 268 000
Fläche: 430 km²
Hauptstadt: Bridgetown
Bevölkerungsdichte: 623 Ew./km²
Amtssprache: Englisch
Religion: Protestanten 94 %, Katholiken 5 %, andere 1 %

Geschichte Der Entwurf stammt von Grantley W. Prescod, einem einheimischen Kunstlehrer. Der Dreizack stammt von der Dienstflagge, die Barbados als britische Kolonie führte. Am 30.11.1966, dem Tag der Unabhängigkeit, wurde die Flagge erstmals gehisst.

Belgien

→ S. 116

Bedeutung Die Flaggenfarben sind vom Wappen Brabants abgeleitet: Auf einem schwarzen Schild ist dort ein goldener Löwe mit roten Krallen und roter Zunge zu sehen. Die vertikale Anordnung der Streifen verweist auf die französische Trikolore.

Staatsform: Konstitut. Monarchie
Einwohner: 10,182 Mio.
Fläche: 30 528 km²
Hauptstadt: Brüssel
Bevölkerungsdichte: 334 Ew./km²
Amtssprache: Holländisch, Französisch, Deutsch
Religion: Katholiken 75 %, andere 25 %

Geschichte Bei Aufständen gegen die habsburgischen Besatzer im Jahre 1792 tauchte die Flagge erstmals auf. Nach der Unabhängigkeit von den Niederlanden wurde sie 1830 Nationalflagge. Am 23.01.1831 wurde die horizontale Anordnung der Streifen in eine vertikale geändert.

Belize

→ S. 125

Staatsform: Konstitutionelle Monarchie
Einwohner: 238 500
Fläche: 22 965 km²
Hauptstadt: Belmopan
Bevölkerungsdichte: 10 Ew./km²
Amtssprache: Englisch
Religion: Christen 87 %, andere 13 %

Bedeutung Blau und Weiß sind die Farben der Vereinigten Volkspartei, Rot ist die Farbe der Vereinigten Demokratischen Partei. Das Wappen symbolisiert die Bedeutung der Holzwirtschaft, die 50 Blätter stehen für das Jahr 1950, den Beginn der Unabhängigkeitsbewegung.

Geschichte Das Wappen wurde 1907 durch König Eduard VII. an das damalige Britisch-Honduras vergeben. Ab 1968 stand es auf einer weißen Scheibe auf blauem Grund. Zur Unabhängigkeit 1981 wurden als Farbe der Opposition die roten Streifen hinzugefügt.

Benin

→ S. 120

Staatsform: Präsidiale Republik
Einwohner: 5,781 Mio.
Fläche: 112 680 km²
Hauptstadt: Porto-Novo
Bevölkerungsdichte: 51 Ew./km²
Amtssprache: Französisch
Religion: Tradit. Religionen 60 %, Christen 21 %, Muslime 15 %, andere 4 %

Bedeutung Die Flagge besteht aus den panafrikanischen Farben, die hier folgende Bedeutung haben: Grün repräsentiert den fruchtbaren Süden, Gelb die Savannen im Norden, Rot das Land und das von früheren Generationen vergossene Blut.

Geschichte Von 1975 bis 1990 war die Flagge der regierenden Partei der Volksrevolution, ein roter fünfzackiger Stern auf grünem Grund, auch Nationalflagge. Am 01.08.1990 wurde die heutige Flagge eingeführt, die das Land schon von 1960 bis 1975 repräsentierte.

Bhutan

→ S. 118

Bedeutung Auf tibetisch heißt Bhutan »Druk-jul«, Drachenreich. Das Safrangelb symbolisiert die weltliche Autorität des Königs, das dunkle Orange die geistliche Macht des Buddhismus. Das Weiß des Drachen drückt Reinheit und Ehrlichkeit aus.

Staatsform: Monarchie
Einwohner: 1,638 Mio.
Fläche: 46 500 km^2
Hauptstadt: Thimpu
Bevölkerungsdichte: 35 Ew./km^2
Amtssprache: Dzongkha
Religion: Mahayna-Buddhisten 70 %, Hindus 24 %, Muslime 5 %, andere 1 %

Geschichte Seit um 1200 ein Kloster errichtet wurde, das »Druk«, Feuerdrachen, genannt wurde, ist das Drachensymbol eng mit Bhutan verbunden. Die heutige Flaggenform existiert seit den sechziger Jahren des 19. Jahrhunderts.

Bolivien

→ S. 126

Bedeutung Rot steht für Mut und die Tapferkeit, aber auch für die Tierwelt Boliviens, Gelb für die Bodenschätze und Grün für die Fruchtbarkeit des Landes. Auf dem Wappen ist der Berg Potosí, ein Lama und ein Brotfruchtbaum abgebildet. Als Helmzier ist der Kondor zu sehen.

Staatsform: Präsidiale Republik
Einwohner: 8,328 Mio.
Fläche: 1 098 581 km^2
Hauptstadt: Sucre (Regierungssitz: La Paz)
Bevölkerungsdichte: 8 Ew./km^2
Amtssprache: Spanisch, Quechua, Aymará
Religion: Kath. 95 %, andere 5%

Geschichte 1825 war die bolivianische Flagge rot-grün-rot, wurde aber schon 1826 in gelb-grün-rot geändert. 1851 wurden die Farben in die jetzige Reihenfolge gebracht. In der heutigen Form besteht die Flagge seit dem 14.07.1888.

Bosnien und Herzegowina

→ S. 116

Staatsform: Föderative Republik
Einwohner: 3,836 Mio.
Fläche: 51 129 km^2
Hauptstadt: Sarajewo
Bevölkerungsdichte: 75 Ew./km^2
Amtssprache: Bosnisch, Kroatisch, Serbisch
Religion: Muslime 40 %, Orthodoxe 31 %, andere 29 %

Bedeutung Die Farbe Blau und die Sterne stammen von der Flagge der Europäischen Union, die drei Seiten des Keils stehen für die Bevölkerungsgruppen – Kroaten, Serben und bosnische Muslime. Gelb ist auch die Farbe der Sonne und des Friedens.

Geschichte Nach dem Bürgerkrieg (1992–1995) war die seit der Unabhängigkeit geltende neutrale weiße Flagge für Nicht-Muslime nicht mehr akzeptabel. Da im Parlament keine Einigung erzielt werden konnte, bestimmte der UN-Sicherheitsrat am 04.02.1998 die jetzige Nationalflagge.

Botswana (Botsuana)

→ S. 121

Staatsform: Präsidiale Republik
Einwohner: 1,586 Mio.
Fläche: 581 730 km^2
Hauptstadt: Gaborone
Bevölkerungsdichte: 3 Ew./km^2
Amtssprache: Englisch
Religion: Tradit. Religionen 50 %, Christen (v.a. Anglikaner) 50 %

Bedeutung Die Farbe Blau steht für den blauen Himmel über Botswana, aber auch für die Sehnsucht der Bevölkerung nach Wasser in einem oft von Dürren heimgesuchten Land. Schwarz symbolisiert die farbige Bevölkerungsmehrheit, Weiß die weiße Minderheit.

Geschichte Am 30.09.1966 bestimmte der Gesetzgebende Rat Botswanas diesen Entwurf George Winstanleys zur Nationalflagge. Zwei Farben – Weiß und Schwarz – wurden von der Fahne der »Botswana Democratic Party« übernommen.

Brasilien

→ S. 126

Staatsform: Bundesrepublik
Einwohner: 170,675 Mio.
Fläche: 8 547 404 km²
Hauptstadt: Brasília
Bevölkerungsdichte: 20 Ew./km²
Amtssprache: Portugiesisch
Religion: Katholiken 82 %, Protestanten 8 %, andere 10 %

Bedeutung Grün steht für den Pflanzenreichtum, Gelb für die Bodenschätze. Die Sternenkonstellation zeigt den Himmel über Rio de Janeiro am Tage der Ausrufung der Republik, die 27 Sterne repräsentieren die einzelnen Gliedstaaten. Das Spruchband lautet »Ordnung und Fortschritt«.

Geschichte Die gelbe Raute auf grünem Grund war schon Bestandteil der Flagge von 1822, dem Jahr der Unabhängigkeit von Portugal. Der Nachthimmel wurde 1889, als Brasilien Republik wurde, hinzugefügt. Zuletzt wurde die Anzahl der Sterne 1992 korrigiert.

Brunei Darussalam

→ S. 119

Staatsform: Konstitutionelles Sultanat
Einwohner: 323 000
Fläche: 5765 km²
Hauptstadt: Bandar Seri Begawan
Bevölkerungsdichte: 56 Ew./km²
Amtssprache: Malaiisch
Religion: Muslime 63 %, Buddhisten 14 %, Christen 10 %, andere 13 %

Bedeutung Gelb ist die Farbe des Sultans. Weiß und Schwarz sind die Farben zweier Staatsminister Bruneis. Im Staatswappen steht der Halbmond für den Islam. Stamm, Schirm und Flagge stehen für den Staat, dessen Wohlwollen durch die offenen Hände symbolisiert wird.

Geschichte Die Flagge wurde 1906 eingeführt, als Brunei einen Vertrag mit der britischen Regierung schloss. Unterzeichner waren neben dem Sultan zwei Wesire, deren Farben auf der Flagge zu finden sind. 1959 wurde das Staatswappen hinzugefügt.

Bulgarien

→ S. 117

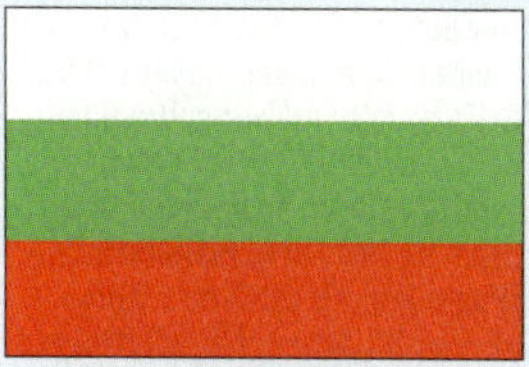

Staatsform: Republik
Einwohner: 7,797 Mio.
Fläche: 110 994 km²
Hauptstadt: Sofia
Bevölkerungsdichte: 70 Ew./km²
Amtssprache: Bulgarisch
Religion: Christen 85 %, Muslime 13 %, andere 2 %

Bedeutung Weiß steht für Freiheit und Frieden, Rot für die Tapferkeit der Bulgaren, Grün für die Wälder und die Landwirtschaft bzw. für die Aufbruchstimmung eines lange unter türkischer Fremdherrschaft stehenden Volkes. Weiß und Rot sind zwei der drei panslawischen Farben.

Geschichte Bulgarien wählte 1878 neben den panslawischen Farben Weiß und Rot statt des traditionellen Blaus einen grünen Streifen. Von 1948 bis zum 22.11.1990 waren auf der Flagge neben dem bulgarischen Löwen auch sozialistische Symbole zu sehen.

Burkina Faso

→ S. 120

Staatsform: Republik
Einwohner: 11,946 Mio.
Fläche: 274 200 km²
Hauptstadt: Ouagadougou
Bevölkerungsdichte: 44 Ew./km²
Amtssprache: Französisch
Religion: Muslime 50 %, tradit. Religionen 40 %, Christen 10 %

Bedeutung Rot, Grün und Gelb sind die panafrikanischen Farben und stehen hiermit für den Bruch mit der kolonialen Vergangenheit. Während die Farbe Rot und der Stern an die Revolution von 1984 erinnern, soll der grüne Streifen die natürlichen Ressourcen des Landes symbolisieren.

Geschichte Die Flagge der einstigen französischen Kolonie bestand seit der Unabhängigkeit 1960 aus drei schwarzen, weißen und roten Streifen. Nach dem Putsch 1984 wurde neben der Flagge auch der Staatsname Obervolta in Burkina Faso geändert.

Burundi

→ S. 121

Staatsform: Republik
Einwohner: 5,736 Mio.
Fläche: 27 834 km^2
Hauptstadt: Bujumbura
Bevölkerungsdichte: 206 Ew./km^2
Amtssprache: Kirundi, Französisch
Religion: Katholiken 62 %, tradit. Religionen 32 %, Protestanten 6 %

Bedeutung Rot steht für das im Freiheitskampf vergossene Blut, Grün für die Hoffnung, Weiß für den Frieden. Die drei Sterne repräsentieren sowohl die drei Stämme der Tutsi, Hutu und Twa (Pygmäen) als auch das Motto »Einigkeit, Arbeit, Fortschritt« auf dem Staatswappen.

Geschichte Als Burundi 1962 nach erst deutscher, dann belgischer Kolonialherrschaft selbstständig wurde, waren auf der weißen Scheibe eine Zeremonientrommel und eine Sorghopflanze abgebildet, die am 28.06.1967 durch die Sterne ersetzt wurden.

Chile

→ S. 126

Staatsform: Präsidiale Republik
Einwohner: 15,211 Mio.
Fläche: 756 626 km^2
Hauptstadt: Santiago de Chile
Bevölkerungsdichte: 20 Ew./km^2
Amtssprache: Spanisch
Religion: Katholiken 77 %, Protestanten 13 %

Bedeutung Blau symbolisiert den Himmel, Weiß den Schnee der Anden, Rot steht für das im Freiheitskampf vergossene Blut. Die fünf Strahlen des Sterns stehen für die ursprünglich fünf Provinzen Chiles. Als Vorlage für die Flagge diente die »Stars and Stripes« der USA.

Geschichte Als am 18.10.1817 über die neue Flagge des unabhängigen Staates entschieden wurde, setzte sich der Entwurf des amerikanischen Malers Charles Wood gegen die Fahnen der Freiheitshelden José Miguel Carreras und Bernardo O'Higgins durch.

China

→ S. 118/119

Staatsform: Sozialistische Volksrepublik
Einwohner: 1277,6 Mio.
Fläche: 9,561 Mio. km²
Hauptstadt: Peking (Beijing)
Bevölkerungsdichte: 134 Ew./km²
Amtssprache: Chinesisch
Religion: Atheisten 85 %, tradit. Religionen 10 %, andere 5 %

Bedeutung Rot steht für den Kommunismus, aber auch für die chinesische Tradition. Die vier kleinen Sterne repräsentieren die vier Klassen des Volkes – Arbeiter, Bauern, Kleinbürger und patriotische Kapitalisten –, geeint unter dem großen Stern, der Partei.

Geschichte Die erste Staatsflagge wurde 1872 eingeführt – der blaue Drachen der Mandschu-Dynastie auf gelbem Grund. Nach zahlreichen anderen Flaggen gilt seit dem 01.10.1949 die neue, sich am Vorbild der Sowjetunion orientierende Flagge.

C

Costa Rica

→ S. 125

Staatsform: Präsidiale Republik
Einwohner: 3,841 Mio.
Fläche: 51 100 km²
Hauptstadt: San José
Bevölkerungsdichte: 75 Ew./km²
Amtssprache: Spanisch
Religion: Katholiken 95 %, andere 5 %

Bedeutung Weiß und Blau stammen von der Flagge der Vereinigten Provinzen Zentralamerikas. Rot kam aus der französischen Trikolore hinzu. Das Wappen der Staatsflagge zeigt die drei höchsten Berge Costa Ricas zwischen den Ozeanen. Sieben Sterne symbolisieren die sieben Provinzen.

Geschichte Ab 1824 war die Flagge lediglich blau-weiß. 1848 wurde auf Betreiben der Frau des damaligen Präsidenten Pacifico Fernandez, einer großen Bewunderin des revolutionären Frankreichs, die Farben der französischen Flagge angenommen.

Dänemark

→ S. 116

Staatsform: Parlamentarische Monarchie
Einwohner: 5,330 Mio.
Fläche: 43 094 km^2
Hauptstadt: Kopenhagen
Bevölkerungsdichte: 124 Ew./km^2
Amtssprache: Dänisch
Religion: Evang.-Luth. 91 %, andere Prostestanten u. Katholiken 9 %

Bedeutung Der Legende nach erschien dem dänischen König Waldemar II. 1219 vor der Schlacht um das heutige Tallinn (Estland) diese »Danebrog« genannte Flagge am Himmel, unter der er sein Heer zum Sieg führte. Das Kreuz war das Wappen der Kreuzfahrer im Osten.

Geschichte Vermutlich wurde das Kreuz König Waldemar II. vom Papst verliehen, um, wie auch der Deutsche Orden, im Zeichen des Kreuzes die Christianisierung im Osten voranzutreiben. Der »Danebrog« ist die älteste Nationalflagge der Welt (seit 1625).

Deutschland (→ S. 26)

→ S. 116

Staatsform: Parlamentarische Bundesrepublik
Einwohner: 82,499 Mio.
Fläche: 357 022 km^2
Hauptstadt: Berlin
Bevölkerungsdichte: 231 Ew./km^2
Amtssprache: Deutsch
Religion: Protestanten 45 %, Katholiken 37 %, andere 18 %

Bedeutung Die Uniform des Lützowschen Freikorps (1813) mit ihren Farben Schwarz, Rot und Gold bildete die Vorlage für die Fahne der Jenaer Burschenschaft. Deren Ziele – Deutschlands Einheit und Freiheit – wurden beim Hambacher Fest 1832 erstmals massiv verfochten, wobei die Flagge populär wurde.

Geschichte Die Nationalversammlung bestimmte 1848 die Flagge zur Nationalflagge. Von 1871 bis 1919 bildeten Schwarz, Weiß und Rot die deutsche Flagge. Von 1935 bis 1945 galt die Hakenkreuzflagge der NSDAP.

Dominica

→ S. 125

Staatsform: Präsidiale Republik im Commonwealth
Einwohner: 71 500
Fläche: 751 km^2
Hauptstadt: Roseau
Bevölkerungsdichte: 95 Ew./km^2
Amtssprache: Englisch
Religion: Katholiken 77 %, Protestanten 15 %, andere 8 %

Bedeutung Grün symbolisiert die Vegetation der Insel, die drei Farben des Kreuzes stehen für die heilige Dreifaltigkeit. Seine Farben versinnbildlichen die Sonne (gelb), den Boden (schwarz) und die Gewässer (weiß) sowie die Bevölkerungsgruppen Mulatten, Schwarze und Weiße.

Geschichte Die Flagge wurde 1978 von Alwin Bully entworfen. Das Wappen, das 1961 von Großbritannien verliehen wurde, zeigt neben den die zehn Gemeinden repräsentierenden Sternen die Kaiseramazone, eine nur auf Dominica heimische Papageienart.

Dominikanische Republik

→ S. 125

Staatsform: Präsidiale Republik
Einwohner: 8,442 Mio.
Fläche: 48 511 km^2
Hauptstadt: Santo Domingo
Bevölkerungsdichte: 174 Ew./km^2
Amtssprache: Spanisch
Religion: Katholiken 95 %, andere 5 %

Bedeutung Blau symbolisiert die Freiheit, Rot Blut und Feuer. Das weiße Kreuz ist, ebenso wie eine beim Johannesevangelium aufgeschlagene Bibel im Wappen der Staatsflagge, ein Zeichen der Trinitarier, den Führern im Unabhängigkeitskampf gegen Haiti (1820–1844).

Geschichte Juan Pablo Duarte, der Führer der Trinitarier, entwarf die Flagge 1839: ein weißes Kreuz auf der blau-roten Flagge Haitis. Der spätere Tausch eines blauen mit einem roten Feld geschah aus ästhetischen Gründen.

Schwarz-Rot-Gold

BRD

Schwarz, Rot und Gold hatte 1815 die Jenaer Ur-Burschenschaft zu ihren Farben gewählt, wobei die Uniform des Lützowschen Freikorps, das in den Befreiungskriegen (1813–1815) gegen Napoleon gekämpft hatte, farblich als Vorbild diente. Dabei hatte das Freikorps die Grundfarbe Schwarz vor allem aus praktischen Gründen gewählt: Zivile Kleidungsstücke ließen sich am einfachsten schwarz färben. Die Burschenschaftler, die sich 1832 unter den Farben Schwarz-Rot-Gold zum Hambacher Fest trafen, um für die deutsche Einheit und Freiheit und somit gegen Kleinstaaterei und Restauration zu streiten, hielten die Farben irrigerweise für die alten Reichsfarben.

Fahne der Jenaer Burschenschaft

Fahne des deutschen Kaisers (19. Jh.)

Tatsächlich waren die deutschen Flaggenfarben im Mittelalter Schwarz-Gelb (die Kaiserfahne mit schwarzem Adler auf gelbem Feld) und Rot-Weiß (die rote Fahne mit weißem Kreuz als Heerzeichen des Heiligen Römischen Reichs Deutscher Nation). Karl der Große, der sich nach der Kaiserkrönung 800 als Nachfolger der römischen Cäsaren sah, hatte das Adlersymbol von den römischen Feldzeichen übernommen. Anfang des 13. Jahrhunderts wurde der Adler schwarz auf gelbem Grund dargestellt, seit dem 14. Jahrhundert dann Fänge, Zunge und Schnabel rot – so falsch lagen die damaligen Revolutionäre also nicht.

Im Revolutionsjahr 1848 führte die deutsche Nationalversammlung die schwarz-rot-goldene Flagge per Gesetz als Kriegs- und Handelsflagge ein, die aufgrund der divergierenden Interessen der Mitgliedsstaaten des Deutschen Bundes jedoch kaum vier Jahre Bestand hatte. 1867 ließ der preußische Ministerpräsident Otto von Bismarck als Flagge des Norddeutschen Bundes Schwarz-Weiß-Rot festlegen. Schwarz und Weiß waren die Farben Preußens, Rot die der Hanse und Brandenburgs. Mit der Reichsgründung 1871, bei der Bismarck die kleindeutsche Lösung (ohne Österreich) verwirklichte, wurde Schwarz-Weiß-Rot zur ersten deutschen Nationalflagge. Hierbei leitete den Kanzler vor allem seine Aversion gegen die

Handelsflagge der Weimarer Republik

»Revolutionsflagge« von 1848: »Sonst ist mir das Farbenspiel einerlei. Meinetwegen grün und gelb und Tanzvergnügen, oder auch die Fahne von Mecklenburg-Strelitz.« Die Weimarer Republik führte als Reichsfarben 1919 Schwarz-Rot-Gold ein, wobei die Handelsflagge weiterhin Schwarz-Weiß-Rot blieb, mit den neuen Reichsfarben in der Gösch – dem Flaggenstreit zwischen Demokraten und reaktionären Kräften war Tür und Tor geöffnet.

Die von Hitler 1935 als Nationalflagge bestimmte Hakenkreuzflagge wurde 1945 vom Alliierten Kontrollrat aufgehoben. Am 08.05.1949 wurde durch die Wahl von Schwarz-Rot-Gold als Nationalflagge an die demokratisch-freiheitliche Tradition Deutschlands angeknüpft. Ebenso führte die DDR ab 1949 Schwarz-Rot-Gold. Mit dem Beitritt zum Geltungsbereich des Grundgesetzes am 03.10.1990 wurde das 1959 aufgelegte Staatswappen der DDR entfernt.

Baden-Württemberg Die Farben entstammen dem Wappen des Herrschergeschlechts der Staufer – drei schwarze Löwen auf goldenem Feld. Das Stammland der Staufer war Schwaben. Das »Kleine Landeswappen« zeigt eine Blattkrone über dem Löwenschild, das »Große« eine aus Landeswappen gebildete Krone.

Bayern Weiß (Silber) und Blau in rautenförmiger Anordnung sind seit Anfang des 12. Jahrhunderts die Farben der Wittelsbacher und Bayerns. Die bayerische Staatsflagge gibt es sowohl in einer Streifen- als auch in einer Rautenausführung. Im Neuentwurf von 1950 wurde die Anzahl der Rauten nicht vorgeschrieben.

Berlin Der Bär als Wappentier erscheint erstmals auf einem Siegel von 1280. Es wird vermutet, dass der Bär in Anlehnung an Albrecht den Bären, der im 12. Jahrhundert die Mark Brandenburg gründete, gewählt wurde. Rot und Weiß sind die traditionellen Farben Brandenburgs.

Brandenburg Markgraf Otto I., Sohn des Gründers der Mark Brandenburg, Albrecht dem Bären, führte ab 1170 den Adler im Schild, der wahrscheinlich dem deutschen Königsadler entlehnt war und zur Unterscheidung von diesem rot gehalten wurde. Die Farben Rot und Weiß (Silber) sind diesem Wappen entnommen.

Bremen Rot und Weiß sind die Farben der Hanse. Diese übernahmen Bremer Schiffe von der kaiserlichen Kriegsfahne, einem weißen Kreuz auf rotem Grund. Der Schlüssel als das Heiligenattribut des Apostels Petrus, des Schutzheiligen Bremens, ist seit 1336 im Wappen der Stadt bezeugt.

Hamburg Die Farben sind die der Hanse: Weiß und Rot. Dargestellt ist die 808 von Karl dem Großen errichtete Hammaburg, nach anderer Auslegung auch die befestigte Stadt, mit dem der Jungfrau Maria gewidmeten Turm des Doms. Das älteste Siegel mit der Burgdarstellung stammt von 1241.

Hessen Rot und Weiß stammen von den Grafen von Gudensberg, die im frühen 12. Jahrhundert Hessen regierten. Da sie in einem Lehensverhältnis zu den Erzbischöfen von Mainz standen, hatten sie deren Farben übernommen. Der Löwe ist das Wappentier Thüringens, zu dessen Landgrafschaft Hessen bis 1247 gehörte.

Mecklenburg-Vorpommern Die Flagge kombiniert die Farben der Hanse (Rot und Weiß) mit denen Pommerns (Blau und Weiß) und Mecklenburgs (Blau, Gelb und Rot). Der Ochse ist das mecklenburgische Wappentier seit dem 13. Jahrhundert, der Greif das der pommerschen Herzöge.

Niedersachsen Das Niedersachsenross stammt aus dem Mitte des 14. Jahrhunderts entstandenen Wappen der Herzöge von Braunschweig. Da die Aufnahme aller traditionellen Landesfarben in die Flagge einen bunten Teppich ergeben hätte, einigte man sich 1949 darauf, das Wappen mit den Bundesfarben zu unterlegen.

Nordrhein-Westfalen Die linke Hälfte des Schilds symbolisiert das Rheinland. Das Pferd steht für Westfalen und stammt wie das Niedersachsenross von den Nachfolgern der sächsischen Herzöge. Die Rose ist seit 1193 im Wappen des Fürstentums Lippe bezeugt. Die Farbstreifen sind dem Wappen entnommen.

Rheinland-Pfalz Das Wappen kombiniert die Wappenbilder dreier mittelalterlicher Kurstaaten: das rote Kreuz des Erzbistums Trier mit dem Rad des Erzbistums Mainz und dem goldenen Löwen der Pfalzgrafen auf schwarzem Grund. Die Farben Schwarz-Rot-Gold sind ebenfalls aus dem Wappen ableitbar.

Saarland Im Wappen sind die vier geschichtlich bedeutendsten Landesherren des Saarlands vertreten: der silberne Löwe der Fürsten von Nassau-Saarbrücken, das Kreuz der Kurfürsten von Trier, der goldene Löwe der Herzöge von Pfalz-Zweibrücken und die Adler der Herzöge von Lothringen.

Sachsen Weiß und Grün sind traditionelle Landesfarben Sachsens. Das gold-schwarze Balkenmuster stammt aus dem Wappen Anhalts, das auf das Wappen der Grafen von Ballenstedt zurückgeht. Der Rauten- oder auch Ehrenkranz wurde seit Mitte des 13. Jahrhunderts von den sächsischen Herzögen im Wappen geführt.

Sachsen-Anhalt Das obere Feld des Wappens zeigt das Wappen Sachsens, dem zusätzlich der preußische Adler aufgelegt ist. Darunter ist das Wappen des Freistaats Anhalt von 1924 zu sehen, das auf die Fürsten von Bernburg (»Bärenburg«) zurückgeht. Gelb und Schwarz sind dem anhaltinischen Balkenmuster entnommen.

Schleswig-Holstein Die beiden blauen Löwen des Schleswiger Wappens stammen aus dem dänischen Wappen, das drei Löwen zeigt. Das Holsteiner Nesselblatt entstammt wahrscheinlich dem Wappen der Schauenburger, das einen gezackten roten Schildrand enthält. Die Landesfarben sind den Wappen entlehnt.

Thüringen Die Landgrafen von Thüringen führten seit dem 13. Jahrhundert den Löwen im Wappen. Die acht Sterne stehen für die sieben Teilländer Thüringens im Gründungsjahr 1920 sowie die 1945 hinzugekommenen ehemaligen preußischen Gebiete. Die Farben Weiß und Rot sind dem Löwen entnommen.

Dschibuti

→ S. 121

Bedeutung Hellblau steht für das Volk der Isen (Issars), Grün für das Volk der Afar. Das weiße Dreieck soll den Frieden zwischen beiden Stämmen symbolisieren, der rote Stern die Einheit des Volkes und den Freiheitskampf.

Staatsform: Republik
Einwohner: 643 000
Fläche: 23 200 km^2
Hauptstadt: Dschibuti
Bevölkerungsdichte: 28 Ew./km^2
Amtssprache: Arabisch, Französisch
Religion: Muslime 96 %, andere 4 %

Geschichte Die heutige Flagge ist eine leicht modifizierte Form derjenigen der Afrikanischen Volksliga für die Unabhängigkeit (LPAI), die seit den siebziger Jahren des 20. Jahrhunderts für die Souveränität des Landes kämpfte und es 1977 in die Unabhängigkeit führte.

D_E

Ecuador

→ S. 126

Bedeutung Gelb steht für den Reichtum des Landes, Blau für den Himmel, das Meer und die Flüsse, Rot für den Mut und das Blut der Freiheitskämpfer. Auf dem Wappen ist die Mündung des Flusses Guayas vor dem Vulkan Chimborasso, bekrönt vom Andenkondor, abgebildet.

Staatsform: Präsidiale Republik
Einwohner: 12,646 Mio.
Fläche: 283 561 km^2
Hauptstadt: Quito
Bevölkerungsdichte: 45 Ew./km^2
Amtssprache: Spanisch
Religion: Katholiken 95 %, andere 5 %

Geschichte Bald nach der Unabhängigkeit von Spanien 1809 war Ecuador Teil der Republik Groß-Kolumbien. Nach seinem Ausscheiden 1830 führte es eine eigene Flagge, kehrte jedoch um 1860 zu den Farben Kolumbiens, ergänzt durch das Wappen, zurück.

Elfenbeinküste (Côte d'Ivoire)

→ S. 120

Bedeutung Orange steht für die Savannen im Norden des Landes (und für das Volk), Weiß für die Flüsse (und für Frieden und Einheit), Grün für die Wälder im Süden. Die Anordnung der Streifen entspricht der der französischen Trikolore.

Staatsform: Republik
Einwohner: 15,981 Mio.
Fläche: 322 463 km^2
Hauptstadt: Yamoussoukro
Bevölkerungsdichte: 50 Ew./km^2
Amtssprache: Französisch
Religion: Muslime 40 %, Christen 30 %, tradit. Religionen 18 %, andere 12 %

Geschichte Die Flagge wurde am 03.12.1959, acht Monate vor der Unabhängigkeit von der Kolonialmacht Frankreich, eingeführt. Wie bei der irischen Flagge – mit der sie Farbe und Muster gemein hat – diente die Trikolore Frankreichs als Vorlage.

El Salvador

→ S. 125

Bedeutung Die Flagge und das Wappen basieren auf den Symbolen der Vereinigten Provinzen Zentralamerikas. So sind im Gleichheit symbolisierenden dreieckigen Wappen auch die fünf Vulkane zu sehen, die die ursprünglich fünf Staaten der Vereinigung repräsentieren.

Staatsform: Präsidiale Republik
Einwohner: 6,3 Mio.
Fläche: 21 041 km^2
Hauptstadt: San Salvador
Bevölkerungsdichte: 299 Ew./km^2
Amtssprache: Spanisch
Religion: Katholiken 85 %, andere 15 %

Geschichte Eine Variante der Flagge der Vereinigten Provinzen Zentralamerikas benutzte El Salvador bereits in den Jahren 1823 bis 1865, danach eine den amerikanischen »Stars and Stripes« sehr ähnliche. 1912 wurde die alte Flagge wieder eingeführt.

Eritrea

→ S. 121

Staatsform: Präsidiale Republik
Einwohner: 4,136 Mio.
Fläche: 121 144 km²
Hauptstadt: Asmara
Bevölkerungsdichte: 34 Ew./km²
Amtssprache: Tigrinya, Arabisch
Religion: Kopten 45 %, Muslime 45 %, andere 10 %

Bedeutung Grün, Blau und Gelb stehen für die Reichtümer des Meeres, der Landwirtschaft und der Bodenschätze, Rot für die Märtyrer im Befreiungskampf. Der den Olivenspross umrankende Olivenkranz hat 30 Blätter und steht für den 30 Jahre währenden Unabhängigkeitskrieg.

Geschichte Die Farben entsprechen der Flagge der Eritreischen Nationalen Befreiungsfront, die von 1972 bis 1993 für die Loslösung von Äthiopien kämpfte. Das Olivensymbol befand sich bereits von 1952–1959 in der Flagge des Treuhandgebietes Eritrea.

Estland

→ S. 117

Staatsform: Republik
Einwohner: 1,453 Mio.
Fläche: 45 227 km²
Hauptstadt: Tallinn (Reval)
Bevölkerungsdichte: 32 Ew./km²
Amtssprache: Estnisch
Religion: Evang-luth. 98 %, Orthodoxe, Baptisten 2 %

Bedeutung Die Farbfolge Blau-Schwarz-Weiß steht für den Himmel (und/oder das Meer), den Boden und den Schnee des Landes. Nach historischer Auslegung symbolisieren sie Einigkeit (weiß), erlittene Unterdrückung (schwarz) und Freiheitskampf (weiß) des Volkes.

Geschichte 1881 wurde die Flagge erstmals bei Protesten gegen die russischen Besatzer gezeigt. Von 1918 bis 1940, den Jahren der Unabhängigkeit, war sie offizielle Landesflagge. Nach der Loslösung von der Sowjetunion wurde sie am 08.05.1990 wieder eingesetzt.

Fidschi

→ S. 123

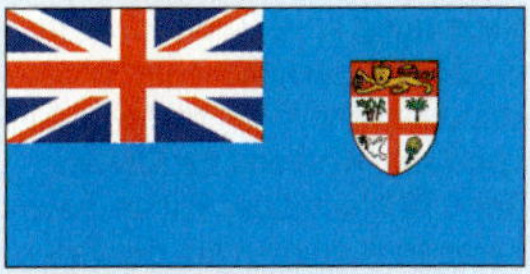

Staatsform: Republik
Einwohner: 832 500
Fläche: 18 376 km^2
Hauptstadt: Suva
Bevölkerungsdichte: 45 Ew./km^2
Amtssprache: Englisch
Religion: Christen 52 %, Hindus 38 %, Muslime 8 %, andere 2 %

Bedeutung Der blaue Grund steht für den Pazifik, der Union Jack in der Gösch zeugt von der historischen Bindung an Großbritannien. Im Wappen stehen ein englischer Löwe und in den vom englischen Kreuz gebildeten Feldern Zuckerrohr, Kokospalme, Friedenstaube und Bananenstaude.

Geschichte Das Wappen wurde Fidschi 1908 verliehen. Zur Unabhängigkeit 1970 wurde die Nationalflagge eingeführt, wobei das Blau des »Blue Ensign«, der britischen Dienstflagge, auf dem der Entwurf basiert, aufgehellt wurde.

Finnland

→ S. 117

Staatsform: Republik
Einwohner: 5,171 Mio.
Fläche: 338 145 km^2
Hauptstadt: Helsinki
Bevölkerungsdichte: 15 Ew./km^2
Amtssprache: Finnisch, Schwedisch
Religion: Evang-Luth. 89 %, andere 11 %

Bedeutung Das blaue Kreuz symbolisiert Finnlands Seen und den Himmel, Weiß den Schnee, der im Winter das Land bedeckt. Die beiden Farben haben in Finnland eine lange Tradition, die Gestaltung basiert auf dem typischen Skandinavischen Kreuz.

Geschichte Zur Unabhängigkeit von Russland 1917 wurde erst eine vom Staatswappen abgeleitete Flagge eingeführt, drei Monate später aber verworfen. Die Staatsflagge zeigt zusätzlich das Wappen – gelber Löwe auf blauem Grund – in der Kreuzmitte.

Frankreich

→ S. 116

Bedeutung Weiß ist die Farbe der Bourbonen und damit der Monarchie, Blau und Rot sind die Farben von Paris. Während der Revolution 1789 benutzten Pariser Revolutionäre Kokarden mit den Farben der Stadt. Durch deren Überreichung an den König soll die neue Kokarde entstanden sein.

Staatsform: Präsidiale Republik
Einwohner: 58,519 Mio.
Fläche: 543 965 km²
Hauptstadt: Paris
Bevölkerungsdichte: 108 Ew./km²
Amtssprache: Französisch
Religion: Katholiken 85 %, Muslime 5 %, andere 10 %

Geschichte Am 15.02.1794 wurde die Trikolore mit senkrechten Streifen und der blauen Farbe am Liek eingeführt, nachdem es vorher verschiedene Varianten gegeben hatte. Nach dem Sturz Napoleons I. wurde bis 1830 erneut die Flagge der Bourbonen gehisst.

Gabun

→ S. 120/121

Bedeutung Grün und Gelb stehen für die natürlichen Ressourcen des Landes, insbesondere für das wichtige Holz, Blau steht für das Meer. Die Nationalflagge Gabuns ist eine der wenigen in Schwarzafrika, die nicht von den panafrikanischen Farben bestimmt wird.

Staatsform: Republik
Einwohner: 1,208 Mio.
Fläche: 267 667 km²
Hauptstadt: Libreville
Bevölkerungsdichte: 5 Ew./km²
Amtssprache: Französisch
Religion: Christen 96 %, Muslime 2 %, andere 2 %

Geschichte Die 1959 eingeführte Flagge Gabuns – einst eine Provinz Französisch-Äquatorialafrikas – hatte ursprünglich in der Gösch noch die französische Trikolore. Pünktlich zur Unabhängigkeit 1960 wurde die Trikolore entfernt.

Gambia

→ S. 120

Bedeutung Rot symbolisiert die Sonne und die Grasflächen der Savanne, Blau steht für den Fluss Gambia, Grün für die Wälder. Die weißen Streifen sollen das friedliche Miteinander verschiedener Bevölkerungsgruppen darstellen.

Geschichte Zur Unabhängigkeit von Großbritannien am 18.02.1965 wurde diese in Gambia entworfene Flagge eingeführt. Die Farben haben keinen politischen oder historischen Ursprung.

Staatsform: Präsidiale Republik
Einwohner: 1,336 Mio.
Fläche: 11 295 km^2
Hauptstadt: Banjul
Bevölkerungsdichte: 118 Ew./km^2
Amtssprache: Englisch
Religion: Muslime 85 %, Christen 9 %, tradit. Religionen 6 %

Georgien

→ S. 118

Bedeutung Rot steht für Freude und die glänzende Vergangenheit des Landes, Schwarz für die lange und tragische Zeit unter der russischen Herrschaft, Weiß für die Hoffnung auf dauerhaften Frieden.

Geschichte Die Flagge wurde am 14.11.1990 eingeführt. Sie geht auf einen Entwurf zurück, den der georgische Bildhauer Jakob Nikoladse bereits 1917 fertigte. Ab 1921 wehte über Georgien eine typische Hammer-und-Sichel-Variante der sowjetischen Republiken.

Staatsform: Präsidiale Republik
Einwohner: 5,020 Mio.
Fläche: 69 700 km^2
Hauptstadt: Tiflis (Tbilisi)
Bevölkerungsdichte: 72 Ew./km^2
Amtssprache: Georgisch
Religion: Georgisch-Orth. 70 %, Russ.-Orth. 10 %, andere 20 %

Ghana

→ S. 120

Staatsform: Präsidiale Republik
Einwohner: 18,412 Mio.
Fläche: 238 537 km^2
Hauptstadt: Accra
Bevölkerungsdichte: 77 Ew./km^2
Amtssprache: Englisch
Religion: Christen 35 %, tradit. Religionen 31 %, Muslime 27 %, andere 7 %

Bedeutung Rot steht für das vergossene Blut der Freiheitskämpfer, Gelb für den Erzreichtum, Grün für die fruchtbaren Felder des Landes. Der Stern symbolisiert die Freiheit Afrikas.

Geschichte Die Flagge wurde am 06.03.1957 eingeführt. Als erstes Land nach der Unabhängigkeit benutzte Ghana die panafrikanischen Farben. Diese sind eigentlich die Farben Äthiopiens, des einzigen Landes Afrikas, das nie kolonialisiert wurde.

Grenada

→ S. 125

Staatsform: Parlamentarische Monarchie im Commonwealth
Einwohner: 97 000
Fläche: 344 km^2
Hauptstadt: St. George's
Bevölkerungsdichte: 282 Ew./km^2
Amtssprache: Englisch
Religion: Katholiken 68 %, Protestanten 32 %

Bedeutung Der rote Saum soll die Einigkeit des Volkes symbolisieren, Gelb dessen Herzlichkeit, Grün steht für die Vegetation. Die Sterne repräsentieren die sieben Verwaltungseinheiten, der mittlere die Hauptstadt. Die Muskatnuss im Vorliek ist das wichtigste Exportgut.

Geschichte Schon die Flagge von 1967, als Grenada die Autonomie erhielt, zeigte eine Muskatnuss. Am 07.02.1974, dem Tag der Unabhängigkeit, wurde die heutige Nationalflagge eingeführt.

Griechenland

→ S. 117

Staatsform: Parlamentarische Republik
Einwohner: 10,707 Mio.
Fläche: 131 957 km²
Hauptstadt: Athen
Bevölkerungsdichte: 81 Ew./km²
Amtssprache: Griechisch
Religion: Griechisch-Orth. 98 %, andere 2 %

Bedeutung Blau steht für das Meer wie für den Himmel, Weiß für die Reinheit des Freiheitskampfes. Während das Kreuz das Vertrauen auf Gott symbolisiert, stehen die neun abwechselnd blauen und weißen Streifen für den im Griechischen neunsilbigen Ruf »Freiheit oder Tod«.

Geschichte Nach der Befreiung vom osmanischen Joch wurde die Flagge 1822 eingeführt, die damals allerdings nur auf Privatschiffen gehisst werden durfte. Mehrfach wurde lediglich die Gösch als Nationalflagge genutzt, so etwa 1975 bis 1978.

Großbritannien

→ S. 116

Staatsform: Parlamentarische Monarchie
Einwohner: 59,512 Mio.
Fläche: 242 910 km²
Hauptstadt: London
Bevölkerungsdichte: 245 Ew./km²
Amtssprache: Englisch
Religion: Anglikaner 57 %, and. Protestanten 13 %, Katholiken 13 %, andere 17 %

Bedeutung Das gerade rote Kreuz auf weißem Grund ist die Flagge des heiligen Georg, des Schutzpatrons Englands. Das Andreaskreuz, Weiß auf blauem Grund, symbolisiert den Landespatron Schottlands. Das ebenfalls diagonale rote Kreuz des heiligen Patrick steht für Irland.

Geschichte Die auch Union Jack genannte Flagge entstand durch die Kombination der Flaggen der einzelnen Landesteile: König Jakob VI. verfügte 1606 das Auflegen der englischen Flagge auf die schottische. 1801 kam das Patrickskreuz hinzu.

Guatemala

→ S. 125

Staatsform: Republik
Einwohner: 11,385 Mio.
Fläche: 108 889 km²
Hauptstadt: Ciudad de Guatemala
Bevölkerungsdichte: 105 Ew./km²
Amtssprache: Spanisch
Religion: Christen 99 %, andere 1 %

Bedeutung Die Farbfolge Blau-Weiß-Blau stammt von der Flagge der Vereinigten Provinzen Zentralamerikas. Das Wappen zeigt den Quetzal, einen seltenen, freiheitsliebenden Kolibri, und eine Schriftrolle mit dem Unabhängigkeitsdatum.

Geschichte Seit 1823 war Blau-Weiß-Blau die Flagge Guatemalas. Ab 1851 entfernte sich Guatemala vom Bundesgedanken und führte vierfarbige Flaggen. 1871 kehrte man zu den zentralamerikanischen Farben zurück, ordnete sie aber senkrecht an.

Guinea

→ S. 120

Staatsform: Republik
Einwohner: 7,466 Mio.
Fläche: 245 857 km²
Hauptstadt: Conakry
Bevölkerungsdichte: 30 Ew./km²
Amtssprache: Französisch
Religion: Muslime 85 %, Christen 8 %, tradit. Religionen 7 %

Bedeutung Die Flagge ist eine Trikolore in den panafrikanischen Farben. Rot steht für die Blutopfer des Unabhängigkeitskampfes und die Mühen des Staatsaufbaus, Gelb für die Sonne und die Bodenschätze, Grün für die Vegetation.

Geschichte Als Guinea 1958 von Frankreich unabhängig wurde, wurden die Farben von der Freiheitsbewegung »Rassemblement Démocratique Africaine« übernommen. Die Farbfolge ist die Ghanas, doch sind hier die Streifen vertikal geordnet.

Guinea-Bissau

→ S. 120

Staatsform: Republik
Einwohner: 1,286 Mio.
Fläche: 36 125 km^2
Hauptstadt: Bissau
Bevölkerungsdichte: 36 Ew./km^2
Amtssprache: Portugiesisch
Religion: Muslime 46 %, tradit. Religionen 40 %, Christen 14 %

Bedeutung Rot steht für die Mühen und die Blutopfer des Freiheitskampfs gegen die portugiesischen Kolonialherren, Gelb für Sonne und Wohlstand. Grün symbolisiert den Pflanzenreichtum und die Hoffnung, der schwarze Stern die Einheit Afrikas.

Geschichte Die Flagge ist Nationalflagge seit 1973 und basiert auf der Fahne der Unabhängigkeitsbewegung PAIGC. Diese hatte die Farben und den Stern von der Flagge Ghanas entlehnt, der als erster ehemaliger Kolonialstaat die panafrikanischen Farben führte.

Guyana

→ S. 126

Staatsform: Präsidiale Republik
Einwohner: 697 000
Fläche: 214 969 km^2
Hauptstadt: Georgetown
Bevölkerungsdichte: 3 Ew./km^2
Amtssprache: Englisch
Religion: Christen 57 %, Hindus 33 %, Moslems 9 %, andere 1 %

Bedeutung Grün symbolisiert die üppigen Wälder und die Landwirtschaft des Landes, Gelb die reichen Bodenschätze und eine glänzende Zukunft, Rot die Tatkraft des Volkes. Die schwarze und weiße Einfassung des gelben Feldes ist eine Ergänzung von Heraldikern.

Geschichte Die Flagge ist ein Entwurf von Whitney Smith, dem Direktor des amerikanischen Zentrums für Flaggenforschung, zur Unabhängigkeit der ehemals britischen Kolonie 1966. Pate standen wohl die panafrikanischen Farben Grün, Gelb und Rot.

Haiti

→ S. 125

Staatsform: Präsidiale Republik
Einwohner: 6,868 Mio.
Fläche: 27 750 km²
Hauptstadt: Port-au-Prince
Bevölkerungsdichte: 248 Ew./km²
Amtssprache: Französisch, Kreolisch
Religion: Katholiken 80 %, Protestanten 16 %, Voodoo 4 %

Bedeutung Der blaue Streifen steht für die Bevölkerung, der rote für das im Freiheitskampf vergossene Blut. Das Wappen in der Staatsflagge zeigt die mit der Phrygischen Mütze gekrönte Königspalme als Zeichen der Freiheit inmitten der Wehrhaftigkeit symbolisierenden Waffen.

Geschichte Jean Jacques Dessalines, der den Kampf gegen die französische Kolonialmacht organisierte, verbannte 1803 die Farbe Weiß von der Trikolore, da sie für ihn die Besatzer symbolisierte. Bis 1895 wurde oftmals Schwarz statt Blau verwendet.

Honduras

→ S. 125

Staatsform: Republik
Einwohner: 6,249 Mio.
Fläche: 112 492 km²
Hauptstadt: Tegucigalpa
Bevölkerungsdichte: 56 Ew./km²
Amtssprache: Spanisch
Religion: Katholiken 97 %, andere 3 %

Bedeutung Die Farbfolge Blau-Weiß-Blau ist die der 1823 gegründeten Vereinigten Provinzen von Zentralamerika. Die fünf Sterne stehen für die ehemaligen Mitglieder Guatemala und Nicaragua (oben), Honduras (Mitte) sowie El Salvador und Costa Rica (unten).

Geschichte Nach dem Zerfall der zentralamerikanischen Bundesrepublik hielt Honduras zunächst an der Bundesflagge fest, entfernte jedoch das Wappen. 1866 wurde die heute geführte Flagge angenommen; die Sterne erinnern an den Bund der fünf Staaten.

Indien

→ S. 118

Staatsform: Parlamentarische Republik
Einwohner: 1 029,9 Mio.
Fläche: 3 287 263 km²
Hauptstadt: New Delhi
Bevölkerungsdichte: 313 Ew./km²
Amtssprache: Hindi, Englisch
Religion: Hindus 83 %, Muslime 11 %, andere 6 %

Bedeutung Orange steht für die Hindus und die Sikhs (aber auch Mut und Aufopferungsbereitschaft), Weiß steht für den Frieden, Grün für die Muslime (sowie Glauben und Ritterlichkeit). Das Spinnrad symbolisiert den unendlichen Lauf des Lebens, die 24 Speichen die Tagesstunden.

Geschichte Die Flagge basiert auf der des Indischen Nationalkongresses, der 1885 gegründet wurde. Das ursprüngliche Rot der Hindus wurde 1931 in Orange geändert, der Farbe des Marathenreichs und der Sikhs. Nationalflagge seit dem 22.07.1947.

Indonesien

→ S. 119

Staatsform: Präsidiale Republik
Einwohner: 224,784 Mio.
Fläche: 1 922 570 km²
Hauptstadt: Jakarta
Bevölkerungsdichte: 117 Ew./km²
Amtssprache: Bahasa Indonesia (Indonesisch)
Religion: Muslime 87 %, Christen 10 %, Hindus 2 %, Buddhisten 1 %

Bedeutung Rot und Weiß sind die heiligen Farben Indonesiens, die schon das Reich Majahapit im 13. Jahrhundert führte. Die Farbenkombination symbolisiert Begriffspaare wie Körper und Geist, Erde und Himmel, Tag und Nacht, Tapferkeit und Reinheit, Freiheit und Gerechtigkeit.

Geschichte Der indonesische Nationalist Sukarno machte die Farben 1927 zur Flagge seiner Bewegung. Sie wurde gehisst, als er 1945 die Autonomie Indonesiens erklärte, also noch vor der Unabhängigkeit des Landes von den Niederlanden 1949.

Irak

→ S. 118

Staatsform: Präsidiale Republik
Einwohner: 22,017 Mio.
Fläche: 438 317 km²
Hauptstadt: Bagdad
Bevölkerungsdichte: 50 Ew./km²
Amtssprache: Arabisch
Religion: Muslime 97 %,
andere 3 %

Bedeutung Die Flagge trägt die panarabischen Farben: Rot steht für die Haschimiden (und Mut), Weiß für die Omaijaden (und Großzügigkeit), Schwarz symbolisiert die Abbasiden und erinnert an die Triumphe des Islam. Grün ist als Farbe Mohammeds auch die des Islam.

Geschichte 1963, als die Bildung einer gemeinsamen Union mit Syrien und Ägypten geplant war, wurde die Flagge mit den drei Sternen eingeführt. Zum Überfall auf Kuwait ließ Saddam Hussein 1991 den Schriftzug »Allah ist groß« hinzufügen.

Iran

→ S. 118

Staatsform: Islamische Republik
Einwohner: 60,055 Mio.
Fläche: 1 648 000 km²
Hauptstadt: Teheran
Bevölkerungsdichte: 36 Ew./km²
Amtssprache: Persisch (Farsi)
Religion: Muslime 99 %,
andere 1 %

Bedeutung Das Wappen mit den vier Halbmonden, die um ein Schwert gruppiert sind, soll den wachsenden islamischen Glauben symbolisieren, das Schwert steht für Tapferkeit. Gemeinsam symbolisieren sie die fünf Grundpflichten des Islam. In stilisierter Kufikschrift steht 22-mal »Allah ist groß«.

Geschichte Die Farben der Flagge stammen aus dem 18. Jahrhundert. Die Farbfolge Grün-Weiß-Rot erhielt die persische Nationalflagge zuerst 1905. Nach der islamischen Revolution wurde die Flagge 1980 in der heutigen Form neu gestaltet.

Irland

→ S. 116

Staatsform: Parlamentarische Republik
Einwohner: 3,681 Mio.
Fläche: 70 273 km^2
Hauptstadt: Dublin
Bevölkerungsdichte: 52 Ew./km^2
Amtssprache: Englisch, Gälisch
Religion: Katholiken 93 %, Protestanten 5 %, andere 2 %

Bedeutung Die Flagge geht zurück auf die französische Trikolore. Grün steht für die Katholiken, Orange traditionell für die protestantischen Anhänger Wilhelm von Oraniens. Weiß soll den Frieden zwischen beiden Volksgruppen versinnbildlichen.

Geschichte Der Führer der »Jungiren«, Thomas Francis Meagher, ließ sich 1848 in Paris zu der Flagge inspirieren. 1848 und 1916 wurde sie bei Aufständen verwendet. Seit 1919 galt sie als Nationalflagge. 1937 wurde sie in der Verfassung verankert.

Island

→ S. 116

Staatsform: Parlamentarische Republik
Einwohner: 279 000
Fläche: 103 020 km^2
Hauptstadt: Reykjavik
Bevölkerungsdichte: 3 Ew./km^2
Amtssprache: Isländisch
Religion: Evang.-Luth. 96 %, andere Christen 3 %, andere 1 %

Bedeutung Blau erinnert an das Meer, Weiß an das Eis und den Schnee sowie an die Geysire Islands, Rot an die Lava der Vulkane. Wenn man Blau und Rot vertauscht, erhält man die norwegische Flagge – eine Reminiszenz an die Zeit unter norwegischer Herrschaft.

Geschichte Seit 1912 führte Island sein Wappenbild als Landesflagge, einen weißen Falken auf blauem Grund. 1915 wurde die heutige Flagge angenommen, die seit 1918 auch auf See geführt werden darf.

Israel

→ S. 118

Staatsform: Parlamentarische Republik
Einwohner: 6,357 Mio.
Fläche: 22 145 km^2
Hauptstadt: Jerusalem
Bevölkerungsdichte: 287 Ew./km^2
Amtssprache: Hebräisch, Arabisch
Religion: Juden 83 %, Muslime 13 %, andere 4 %

Bedeutung Weiß steht für die Reinheit der zionistischen Ideale, Blau für den Himmel. Das Dreieck, welches nach oben zeigt, symbolisiert das Feuer und die männliche Energie, das andere das Wasser und die weibliche Energie. Der Davidsstern ist jüdisches Symbol seit dem Mittelalter.

Geschichte Angeblich hat David Wolfsohn die Flagge für die zionistische Bewegung 1891 entworfen bzw. von einer Bostoner Gemeinde übernommen. Nach anderen Quellen wurde sie schon ab 1880 in Russland verwendet. Nationalflagge wurde sie 1948.

Italien

→ S. 116

Staatsform: Parlam. Republik
Einwohner: 57,844 Mio.
Fläche: 301 338 km^2
Hauptstadt: Rom
Bevölkerungsdichte: 192 Ew./km^2
Amtssprache: Italienisch, Slowenisch (regional)
Religion: Katholiken 84 %, andere 16 %

Bedeutung Die Flagge soll 1796 von Napoleon I. während seines Italienfeldzuges entworfen worden sein. Als Vorbild diente die Trikolore. 1798 wurden die senkrechten Streifen von der Zisalpinischen Republik angenommen, aber schon 1802 wieder geändert.

Geschichte 1848 kehrte Sardinien zur italienischen Trikolore zurück und ergänzte das Wappen Savoyens in der Mitte. Das geeinte Italien übernahm die Flagge 1861. Mit Gründung der Italienischen Republik 1946 wurde das Wappen entfernt, die Farbgebung 2003 verbindlich festgelegt.

Jamaika

→ S. 125

Staatsform: Parlamentarische Monarchie im Commonwealth
Einwohner: 2,587 Mio.
Fläche: 11 424 km²
Hauptstadt: Kingston
Bevölkerungsdichte: 226 Ew./km²
Amtssprache: Englisch
Religion: Christen 75 %, Rastafari 20 %, andere 5 %

Bedeutung Die Farbe Gelb symbolisiert die Sonne, den Staat und den natürlichen Reichtum des Landes. Grün steht für die Vegetation, die Landwirtschaft und die Hoffnung, Schwarz für die erlittene Unterdrückung und Armut. Es sind die panafrikanischen Farben ohne Rot.

Geschichte Die Flagge ging aus einem Wettbewerb hervor, der 1961, ein Jahr vor der Unabhängigkeit, ausgeschrieben wurde. Die ursprünglich favorisierte Trikolore wurde geändert, da sie der Flagge Tanganjikas, dem heutigen Tansania, zu ähnlich war.

Japan

→ S. 119

Staatsform: Parlam. Monarchie
Einwohner: 126,740 Mio.
Fläche: 377 819 km²
Hauptstadt: Tokio
Bevölkerungsdichte: 335 Ew./km²
Amtssprache: Japanisch
Religion: Schintoisten und Buddhisten 76 %, Mischreligionen 16 %, andere 8 %

Bedeutung Weiß versinnbildlicht Reinheit und Ehrlichkeit, Rot Leidenschaft und Wärme. In Japan, dem »Land der aufgehenden Sonne«, ist die Sonne ein jahrtausendealtes Symbol. Die Kaiser aus dem Hause Yamato sahen sich als direkte Nachfahren des Sonnengottes.

Geschichte Die selbst gewählte Isolation Japans seit dem 17. Jahrhundert verhinderte die Entstehung einer nationalen Flagge. Erst 1870 wurde die Flagge eingeführt, nachdem eine Gruppe unter Führung des Fürsten Nariakira sich dafür eingesetzt hatte.

Jemen

→ S. 118

Staatsform: Republik
Einwohner: 17,479 Mio.
Fläche: 536 869 km²
Hauptstadt: Sanaa
Bevölkerungsdichte: 33 Ew./km²
Amtssprache: Arabisch
Religion: Muslime 97 %, andere 3 %

Bedeutung Die Flagge beruht auf den panarabischen Farben. Im Falle Jemens bedeuten diese, dass beide Staaten des ehemals geteilten Landes durch Revolutionen entstanden (rot), sich friedlich wiedervereinigten (weiß) und sich der schweren Zeit der Teilung erinnern (schwarz).

Geschichte Nach der Teilung 1962 führten beide Staaten – die südjemenitische Demokratische Volksrepublik wie die nordjemenitische Arabische Republik – Flaggen mit den panarabischen Farben. Zur Wiedervereinigung 1990 wurde die Flagge eingeführt.

Jordanien

→ S. 118

Staatsform: Konstitutionelle Monarchie
Einwohner: 4,998 Mio.
Fläche: 89 213 km²
Hauptstadt: Amman
Bevölkerungsdichte: 56 Ew./km²
Amtssprache: Arabisch
Religion: Muslime 95 %, Christen 5 %

Bedeutung Die Flagge geht direkt auf die arabische Revolutionsflagge zurück. Schwarz steht für die Dynastie der Abbasiden, Weiß für die Omaijaden und Rot für die Haschimiden. Grün ist die Farbe Mohammeds. Der siebenzackige Stern symbolisiert die ersten sieben Verse des Korans.

Geschichte Seit 1917 werden die Farben verwendet, die für den arabischen Drang zur Unabhängigkeit vom Osmanischen Reich stehen. Kreiert hat sie Husain Ibn Ali aus der Dynastie der Haschimiden. 1928 kam der Stern am Liek hinzu.

Kambodscha

→ S. 119

Staatsform: Konstitutionelle Monarchie
Einwohner: 11,6 Mio.
Fläche: 181 035 km^2
Hauptstadt: Phnom Penh
Bevölkerungsdichte: 64 Ew./km^2
Amtssprache: Khmer
Religion: Buddhisten 88 %, Muslime 2 %, andere 10 %

Bedeutung Blau ist die Farbe des Königs, Rot steht für die Bevölkerung und deren Entschlossenheit, für den König zu streiten. Die Farbe Weiß soll den Glauben an den König ausdrücken. Die stilisierte Tempelanlage Angkor Wat ist ein Zeichen für die Größe und Tradition des Landes.

Geschichte Die heutige Flagge wurde vom Prinzen Sihanouk 1993 eingeführt. Die erste Flagge mit dem Motiv der Tempelanlage Angkors aus dem 12. Jahrhundert existierte bereits vor 1863. Seither hat es zahlreiche Varianten gegeben.

Kamerun

→ S. 120

Staatsform: Republik
Einwohner: 15,422 Mio.
Fläche: 475 442 km^2
Hauptstadt: Yaoundé
Bevölkerungsdichte: 32 Ew./km^2
Amtssprache: Französisch, Englisch
Religion: Christen 55 %, tradit. Religionen 23 %, Muslime 22 %

Bedeutung Die Flagge in den panafrikanischen Farben hatte als Vorbild die Trikolore. Grün symbolisiert die Hoffnung und die Vegetation, Rot die Staatshoheit, Gelb die Sonne und Wohlstand. Der Stern ist das Zeichen der Einheit des ehemals geteilten Landes.

Geschichte Das autonom gewordene Französisch-Kamerun hatte seit 1957 eine Trikolore benutzt. Nach dem Anschluss Britisch-Kameruns 1961 wurden links zwei Sterne eingefügt, die 1975 durch einen zentralen Stern ersetzt wurden.

Kanada

→ S. 124/125

Staatsform: Parlamentarische Monarchie im Commonwealth
Einwohner: 31,002 Mio.
Fläche: 9 984 670 km^2
Hauptstadt: Ottawa
Bevölkerungsdichte: 3 Ew./km^2
Amtssprache: Englisch, Französisch
Religion: Katholiken 46 %, Protestanten 30 %, andere 24 %

Bedeutung Das Ahornblatt ist Nationalemblem seit Mitte des 19. Jahrhunderts. Rot steht für die Opfer der Nation im Ersten Weltkrieg, Weiß für den schneereichen Norden. Die Lage des Blatts zwischen zwei Streifen soll Kanada zwischen Pazifik und Atlantik darstellen.

Geschichte Bis zum 15.02.1965, als das Parlament der neuen Flagge zustimmte, benutzte Kanada den britischen »Red Ensign«: Die rote Flagge mit dem Union Jack in der Gösch hatte das Wappen Kanadas im fliegenden Ende.

Kap Verde

→ S. 120

Staatsform: Republik
Einwohner: 435 000
Fläche: 4 033 km^2
Hauptstadt: Cidade de Praia
Bevölkerungsdichte: 108 Ew./km^2
Amtssprache: Portugiesisch, Crioulo
Religion: Katholiken 98 %, Protestanten 2 %

Bedeutung Auf dem den Atlantik symbolisierenden blauen Grund liegen die als Sterne dargestellten zehn Kapverdischen Inseln. Sie werden durchzogen von einer »Straße des Fortschritts« genannten roten Linie, die als Zeichen des Friedens zwischen weißen Linien liegt.

Geschichte Das 1975 von Portugal unabhängig gewordene Land hatte zunächst eine Flagge, die wie die Guinea-Bissaus auf die allein regierende Partei PAIGC zurückging. Nach den ersten freien Wahlen 1991 wurde die neue Flagge am 25.02.1992 eingeführt.

Kasachstan

→ S. 118

Staatsform: Republik
Einwohner: 14,950 Mio.
Fläche: 2 717 300 km²
Hauptstadt: Astana
Bevölkerungsdichte: 6 Ew./km²
Amtssprache: Kasachisch
Religion: Muslime 47 %, Russ.-Orth. 44 %, Protestanten 2 %, andere 7 %

Bedeutung Der blaue Grund steht für das Volk der Kasachen und den Himmel über dem Land. Unter einer Sonne, die den Reichtum symbolisiert, fliegt ein Steppenadler als Zeichen der Freiheit und des Edelmuts. Am Liek findet sich das Nationalornament.

Geschichte Als Teilrepublik der UdSSR wurde von 1953 bis 1992 eine rote Flagge mit Hammer, Sichel und Stern geführt. Der Entwurf der am 04.06.1992 eingeführten Flagge stammt vom Maler Schaken Nijazbekov.

K

Katar

→ S. 118

Staatsform: Fürstentum (Emirat)
Einwohner: 599 000
Fläche: 11 437 km²
Hauptstadt: Doha
Bevölkerungsdichte: 52 Ew./km²
Amtssprache: Arabisch
Religion: Muslime 86 %, Hindus 10 %, andere 4 %

Bedeutung Katar schloss sich 1862 dem britischen Friedensvertrag von 1820 an und verpflichtete sich damit, der traditionell roten Flagge einen weißen Streifen hinzuzufügen. Der braune Farbton wurde gewählt, um die Flagge von der Bahrains unterscheiden zu können.

Geschichte 1949 wurde die Flagge zu der heutigen Form umgestaltet: Der ursprünglich im roten Feld liegende Staatsname wurde entfernt und die Farbe offiziell geändert. Mit der Unabhängigkeit 1971 ist die Flagge unverändert geblieben.

Kenia

→ S. 121

Bedeutung Schwarz repräsentiert das Volk, Rot das Blut und Grün die Vegetation. Zugleich sind dies die Farben des Kenianischen Afrikanischen Nationalbunds (KANU). Weiß symbolisiert Frieden und Einheit. Der Schild und die Lanzen stehen für die kriegerischen Vorfahren.

Staatsform: Präsidiale Republik
Einwohner: 31,293 Mio.
Fläche: 582 646 km²
Hauptstadt: Nairobi
Bevölkerungsdichte: 54 Ew./km²
Amtssprache: Suaheli, Englisch
Religion: Christen 66 %, Animisten 26 %, Muslime 6 %, andere 2%

Geschichte Der Gründer des militanten KANU, J. Kenyatta, hat für seine Bewegung 1952 die Flagge entworfen. Zur Unabhängigkeit 1963 wurden die weißen Streifen als Zeichen der demokratischen Gesinnung des Landes eingefügt.

Kirgisistan

→ S. 118

Bedeutung Die Farbe Rot wird dem kirgisischen Nationalhelden Manas zugeschrieben. Die Sonne mit ihren 40 Strahlen verkörpert die Einigkeit der 40 Volksstämme. Das Symbol in ihrer Mitte zeigt das Dach der traditionellen Jurte, die das Nomadenvolk seit Jahrhunderten benutzt.

Staatsform: Republik
Einwohner: 4,685 Mio.
Fläche: 198 500 km²
Hauptstadt: Bischkek
Bevölkerungsdichte: 24 Ew./km²
Amtssprache: Kirgisisch, Russisch
Religion: Muslime 75 %, Russ.-Orth. 20 %, andere 5 %

Geschichte Seit 1952 führte die damalige Sowjetrepublik eine rot-blaue Flagge mit den kommunistischen Symbolen Hammer, Sichel und Stern. Am 03.03.1992 verabschiedete der Höchste Rat der Republik die neue Flagge.

Kiribati

→ S. 123

Staatsform: Präsidiale Republik
Einwohner: 80 000
Fläche: 810 km^2
Hauptstadt: Bairiki
Bevölkerungsdichte: 99 Ew./km^2
Amtssprache: Gilbertesisch, Englisch
Religion: Katholiken 53 %, Protestanten 40 %, andere Christen 4 %, Bahai 3 %

Bedeutung Die Wellenlinien stehen für den Pazifischen Ozean, die aufgehende Sonne für eine glänzende Zukunft. Der Fregattvogel ist der Nationalvogel Kiribatis. Kurios ist, dass der schottische Schriftsteller Robert Louis Stevenson bereits 1889 eine andere Flagge entwarf.

Geschichte Die Flagge entstand aus dem Nationalwappen, das 1937 den ehemals britischen Gilbertinseln vom Mutterland verliehen wurde. Zur Unabhängigkeit am 12.07.1979 wurde die neue Flagge vorgestellt.

Kolumbien

→ S. 126

Staatsform: Republik
Einwohner: 43,070 Mio.
Fläche: 1 141 758 km^2
Hauptstadt: Santa Fé de Bogotá
Bevölkerungsdichte: 38 Ew./km^2
Amtssprache: Spanisch
Religion: Katholiken 95 %, andere 5 %

Bedeutung Der große gelbe Streifen repräsentierte einst Groß-Kolumbien, der blaue die Unabhängigkeit und der rote das im Freiheitskampf vergossene Blut. Man kann die Farben auch so deuten, dass der Ozean (blau) das reiche Amerika (gelb) vom blutigen Spanien (rot) trennt.

Geschichte Von 1819 bis 1834 wurden die Farben zunächst für die Republik Groß-Kolumbien verwendet. Nach dem Zerfall in die Staaten Venezuela, Ecuador und Kolumbien 1830 übernahm Kolumbien die Flagge.

Komoren

→ S. 121

Staatsform: Republik
Einwohner: 578 000
Fläche: 1 862 km²
Hauptstadt: Moroni
Bevölkerungsdichte: 310 Ew./km²
Amtssprache: Arabisch, Französ.
Religion: Muslime 98 %, andere 2 %

Bedeutung Grün ist die Farbe des Propheten, die Mondsichel Zeichen des Islam. Die vier Sterne und die dem grünen Dreieck gegenüber liegenden Streifen Gelb, Weiß, Rot und Blau stehen für die vier Staaten der Union.

Geschichte Nach der Unabhängigkeit von Frankreich im Jahre 1975 war die Flagge zunächst rot mit islamischen Symbolen. Ab 1978 war der Grund grün, 1998 kamen die Monogramme Allahs und Mohammeds hinzu. Diese Flagge wurde 2002 eingeführt.

Kongo Demokratische Republik

→ S. 121

Staatsform: Präsidiale Republik
Einwohner: 50,481 Mio.
Fläche: 2 344 858 km²
Hauptstadt: Kinshasa
Bevölkerungsdichte: 22 Ew./km²
Amtssprache: Französisch
Religion: Christen 70 %, tradit. Religionen 20 %, Muslime 10 %

Bedeutung Die Farbe Blau symbolisiert den Himmel, Gelb die Bodenschätze. Der große Stern in der Mitte steht für die Einheit des Landes. Die sechs kleinen Sterne sind Symbole der Hoffnung und standen ursprünglich für die sechs Provinzen der ersten Republik.

Geschichte Schon das autonome Kongo (1885–1908) und die Kolonie Belgisch-Kongo (1908–1960) benutzten eine blaue Flagge mit gelbem Stern. Nach dem Staatsstreich von Laurent-Désiré Kabila wurde das Motiv 1997 wieder eingeführt.

Kongo (Kongo-Brazzaville)

→ S. 120/121

Staatsform: Republik
Einwohner: 2,89 Mio.
Fläche: 341 821 km^2
Hauptstadt: Brazzaville
Bevölkerungsdichte: 8 Ew./km^2
Amtssprache: Französisch
Religion: Katholiken 50 %, tradit. Religionen 48 %, andere 2 %

Bedeutung Die panafrikanischen Farben bedeuten im Falle der Republik Kongo: Grün steht für die Natur, Gelb für die Hoffnung auf bessere Zeiten. Rot symbolisiert die Unabhängigkeit und ist die Farbe des Blutes aller Rassen.

Geschichte 1959, ein Jahr vor der Unabhängigkeit von Frankreich, wurde die Flagge eingeführt. Von 1969 bis 1991, als Kongo eine marxistische Volksrepublik war, gab es eine inoffizielle rote Flagge mit Hacke, Hammer und Stern in der Gösch.

Korea-Nord

→ S. 119

Staatsform: Kommunist. Republik
Einwohner: 21,69 Mio.
Fläche: 122 762 km^2
Hauptstadt: Pjöngjang
Bevölkerungsdichte: 177 Ew./km^2
Amtssprache: Koreanisch
Religion: Atheisten 68 %, Tradit. Religionen 16 %, Chondo-gyo 14 %, andere 2 %

Bedeutung Blau steht für die Souveränität des Staates, Weiß für die Homogenität des Volkes, Rot für die kommunistische Revolution. Der Stern als Symbol des Kommunismus liegt auf einer weißen Scheibe, die dem alten Yin-Yang-Symbol ähnelt.

Geschichte Bis 1948 verwendeten Nord- und Südkorea eine gemeinsame Flagge. Mit Gründung der Kommunistischen Volksrepublik führte Nord-Korea eine eigene Flagge ein. Der Farbe Rot wurde allerdings nachträglich mehr Raum eingeräumt.

Korea-Süd

→ S. 119

Staatsform: Präsidiale Republik
Einwohner: 47,3 Mio.
Fläche: 99 313 km^2
Hauptstadt: Sëoul
Bevölkerungsdichte: 476 Ew./km^2
Amtssprache: Koreanisch
Religion: Buddhisten 47 %, Protestanten 38 %, Katholiken 11 %, andere 4 %

Bedeutung Weiß steht für Frieden und Lauterkeit. Das traditionelle Yin-Yang-Symbol im Zentrum symbolisiert die Harmonie der Gegensätze in der Natur. Die Linienpaare sind so genannte Trigramme, die Himmel und Erde sowie Feuer und Wasser symbolisieren.

Geschichte Die Flagge wurde 1882 entworfen, als der koreanische Botschafter in Japan es für nötig befand, anstehende Verhandlungen unter einem nationalen Symbol zu führen. Zur Staatsgründung 1948 wurde die Flagge übernommen.

Kroatien

→ S. 116

Staatsform: Präsidiale Republik
Einwohner: 4,677 Mio.
Fläche: 56 542 km^2
Hauptstadt: Zagreb
Bevölkerungsdichte: 83 Ew./km^2
Amtssprache: Kroatisch
Religion: Katholiken 77 %, Orthodoxe 11 %, andere 12 %

Bedeutung Rot, Weiß und Blau sind die panslawischen Farben. Das aufgelegte Wappen Kroatiens trägt im Schild das traditionelle Schachbrettmuster und wird von links nach rechts bekrönt von den Wappen Zagrebs, Dubrovniks, Dalmatiens, Istriens und Slawoniens.

Geschichte Die Landesflagge war im 19. Jahrhundert vom Wappen abgeleitet rot-weiß. Als Teil Jugoslawiens führte Kroatien die panslawischen Farben mit dem roten Stern. Ein Jahr vor der Unabhängigkeit 1991 führte es die Flagge mit dem Wappen ein.

Kuba

→ S. 125

Bedeutung Die Farben sind die der US-amerikanischen »Stars and Stripes«. Der Stern steht für Kuba, das sich als ein weiterer Bundesstaat den USA anschließen wollte. Die blauen Streifen stehen für die einstmals drei Provinzen, Weiß für die Reinheit der revolutionären Bewegung.

Staatsform: Sozialistische Republik
Einwohner: 11,116 Mio.
Fläche: 110 860 km²
Hauptstadt: Havanna
Bevölkerungsdichte: 100 Ew./km²
Amtssprache: Spanisch
Religion: Katholiken 40 %, Synkretisten 40 %, andere 20 %

Geschichte Die Flagge wurde 1849 vom kubanischen Dichter Miguel Teurbe Tolon für General Narciso Lopez entworfen, der die Unabhängigkeit von Spanien und den Anschluss an die USA anstrebte. 1902 wurde sie Nationalflagge.

Kuwait

→ S. 118

Bedeutung Die panarabischen Farben stehen in der Flagge Kuwaits für die Schlachtfelder der Vergangenheit (schwarz), die Weiden des Landes (grün), die Reinheit der Taten (weiß) und an die mit dem Blut der Feinde getränkte Zukunft (rot).

Staatsform: Fürstentum (Emirat)
Einwohner: 2,21 Mio.
Fläche: 17 818 km²
Hauptstadt: Kuwait-Stadt
Bevölkerungsdichte: 124 Ew./km²
Amtssprache: Arabisch
Religion: Muslime 92 %, Christen 6 %, andere 2 %

Geschichte Bis 1962, als aus Solidarität mit anderen arabischen Staaten die panarabischen Farben angenommen wurden, war die Flagge Kuwaits – wie die fast aller Golfanrainerstaaten – rot und weiß.

Laos

→ S. 119

Bedeutung Das Blut, das das Volk für die Verteidigung des Landes zu opfern bereit ist, wird durch die Farbe Rot symbolisiert. Blau steht für den Wohlstand und Weiß für die Einheit des vielethnischen Laos. Der Kreis stellt auch den Mond dar, ein Symbol für das Glück.

Staatsform: Demokratische Volksrepublik
Einwohner: 4,581 Mio.
Fläche: 236 800 km²
Hauptstadt: Vientiane
Bevölkerungsdichte: 19 Ew./km²
Amtssprache: Lao
Religion: Theravada-Buddhisten 65 %, Animisten und andere 35 %

Geschichte Die einstige französische Kolonie Laos, seit 1953 unabhängig, führte die Flagge 1975 ein, als die Demokratische Volksrepublik ausgerufen wurde. Vorbild war die Flagge der »Front der Patrioten« von 1945.

Lesotho

→ S. 121

Bedeutung Die Farbenkombination Weiß-Blau-Grün versinnbildlicht das nationale Motto »Frieden, Regen, Überfluss«. Das Emblem ist eine stilisierte Darstellung des Staatswappens, eines ein Krokodil zeigenden Schildes vor einem Speer, einem Zeremonienzepter und einer Keule.

Staatsform: Konstitutionelle Monarchie
Einwohner: 2,18 Mio.
Fläche: 30 355 km²
Hauptstadt: Maseru
Bevölkerungsdichte: 72 Ew./km²
Amtssprache: Sesotho, Englisch
Religion: Christen 93 %, andere 7 %

Geschichte 1987, ein Jahr nach dem Staatsstreich durch Lebua Jonathan, wurde die heutige Flagge eingeführt. Das Wappen existiert seit der Unabhängigkeit von Großbritannien im Jahre 1966 und basiert auf dem Kolonialwappen.

Lettland

→ S. 117

Bedeutung Rot steht für das in der Vergangenheit vergossene Blut. Der Farbe Weiß werden die Bedeutungen Wahrheit, Recht und Ehre zugesprochen. Zur Unterscheidung von der Flagge Österreichs wurde 1918 das Rot verdunkelt und der weiße Streifen verschmälert.

Staatsform: Republik
Einwohner: 2,366 Mio.
Fläche: 64 589 km²
Hauptstadt: Riga
Bevölkerungsdichte: 37 Ew./km²
Amtssprache: Lettisch
Religion: Protestanten, Katholiken, Russ.-Orth.

Geschichte Schon aus dem 12. Jahrhundert ist eine weiß-rote Militärfahne überliefert. Im 19. Jahrhundert wurde die Flagge zum Symbol der Unabhängigkeit. Sie war Nationalflagge von 1918 bis 1940 und ist es wieder seit 1990.

Libanon

→ S. 118

Bedeutung Die roten Streifen bedeuten Selbstaufopferung, der weiße Frieden und Reinheit. Die Zeder, die schon zu biblischen Zeiten ein Symbol für den Libanon war, repräsentiert Kraft, Heiligkeit und Ewigkeit.

Staatsform: Republik
Einwohner: 3,578 Mio.
Fläche: 10 452 km²
Hauptstadt: Beirut
Bevölkerungsdichte: 342 Ew./km²
Amtssprache: Arabisch
Religion: Muslime 57 %, Christen 43 %

Geschichte Libanesische Legionen im französischen Heer des Ersten Weltkriegs benutzten das uralte Symbol der Zeder als Abzeichen. Als der Libanon 1943 unabhängig wurde, führte man die heutige Flagge ein.

Liberia

→ S. 120

Staatsform: Präsidiale Republik
Einwohner: 3,164 Mio.
Fläche: 111 370 km^2
Hauptstadt: Monrovia
Bevölkerungsdichte: 28 Ew./km^2
Amtssprache: Englisch
Religion: Tradit. Religionen 70 %, Muslime 20 %, Christen 10 %

Bedeutung Das blaue Quadrat in der Gösch symbolisiert den afrikanischen Kontinent, der weiße Stern Glanz, Freiheit und Frieden, die vom liberianischen Staat ausgehen sollen. Die elf rot-weißen Streifen stehen für die elf Unterzeichner der Unabhängigkeitserklärung 1847.

Geschichte Die Kolonie wurde 1816 gegründet, um ehemaligen nordamerikanischen Sklaven eine Rückkehr in ihre afrikanische Heimat zu ermöglichen. So stammt denn auch die Flagge – eingeführt 1847 – eindeutig von der der USA ab.

Libyen

→ S. 120/121

Staatsform: Republik
Einwohner: 5,115 Mio.
Fläche: 1 775 500 km^2
Hauptstadt: Tripolis
Bevölkerungsdichte: 3 Ew./km^2
Amtssprache: Arabisch
Religion: Muslime 97 %, andere 3 %

Bedeutung Grün ist die Farbe Mohammeds und des Islam. Die Farbe steht zudem für die im so genannten »Grünen Buch« Muammar el Gaddafis verfochtenen Grundsätze der libyschen Revolution. Libyen besitzt die einzige einfarbige Nationalflagge der Welt.

Geschichte Ab 1969 führte Libyen eine Flagge mit den panarabischen (»ägyptischen«) Farben Rot, Weiß und Schwarz. Als Ägypten 1977 Verhandlungen mit Israel aufnahm, wurden die Flaggen öffentlich verbrannt und die heutige eingeführt.

Liechtenstein

→ S. 116

Staatsform: Parlamentarische Monarchie
Einwohner: 32 000
Fläche: 160 km^2
Hauptstadt: Vaduz
Bevölkerungsdichte: 200 Ew./km^2
Amtssprache: Deutsch
Religion: Katholiken 87 %, Protestanten 8 %, andere 5 %

Bedeutung Rot und Blau stammen von den so genannten Livreefarben des Herrschergeschlechts der Liechtensteiner, also den Farben der fürstlichen Bediensteten, und wurden 1921 offiziell eingeführt. Die hermelingefütterte Krone in der Gösch repräsentiert das Fürstenhaus.

Geschichte Anlässlich der Olympischen Spiele 1936 in Berlin wurde die Fürsten-Krone auf den blauen Streifen gelegt, um der drohenden Verwechslung mit der Flagge Haitis vorzubeugen.

Litauen

→ S. 117

Staatsform: Republik
Einwohner: 3,693 Mio.
Fläche: 65 301 km^2
Hauptstadt: Vilnius (Wilna)
Bevölkerungsdichte: 57 Ew./km^2
Amtssprache: Litauisch
Religion: Katholiken 87 %, Russ.-Orth. 10 %, andere 3 %

Bedeutung Gelb steht für reifenden Weizen und damit für Wohlstand, Grün symbolisiert die Wälder des Landes und die Hoffnung. Die Farbe Rot soll die Tapferkeit im Kampf, das zur Landesverteidigung geopferte Blut sowie die Liebe zur Heimat repräsentieren.

Geschichte 1989 wurde die Flagge wieder eingeführt, die Litauen schon zur Zeit seiner Unabhängigkeit von 1918 bis 1940 führte. Eine heraldische Kommission hatte sich damals nach langen Forschungen auf die Farben geeinigt.

Luxemburg

→ S. 116

Staatsform: Konstitutionelle Monarchie
Einwohner: 437 000
Fläche: 2 586 km²
Hauptstadt: Luxemburg
Bevölkerungsdichte: 169 Ew./km²
Amtssprache: Letzebuergesch, Deutsch, Französisch
Religion: Kath. 97 %, andere 3 %

Bedeutung Im 19. Jahrhundert bildete Luxemburg eine Personalunion mit den habsburgischen Niederlanden, deren Flagge es auch führte. 1830 trugen Patrioten erstmals die Kokarden in der Farbfolge Weiß-Blau-Rot, die dem Wappen Luxemburgs aus dem 13. Jahrhundert entlehnt wurde.

Geschichte 1848 wurde die Farbfolge auf Rot-Weiß-Blau – also auf die der Niederlande – festgelegt. Das im Vergleich zu den Niederlanden hellere Blau wurde 1992 festgelegt.

Madagaskar

→ S. 121

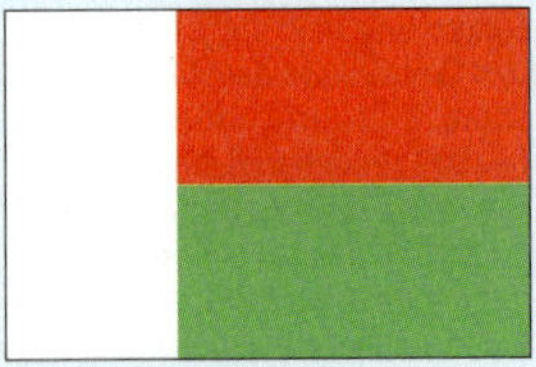

Staatsform: Republik
Einwohner: 15,506 Mio.
Fläche: 587 041 km²
Hauptstadt: Antananarivo
Bevölkerungsdichte: 26 Ew./km²
Amtssprache: Malagasy, Französisch
Religion: Tradit. Religionen 52 %, Christen 41 %, Muslime 7 %

Bedeutung Weiß steht für Freiheit und Frieden, Rot für die Souveränität des Landes und die Entschlossenheit, diese zu verteidigen, Grün für die Hoffnung. Rot und Weiß sind auch die traditionellen Farben des Hova-Stamms, Grün repräsentiert die Küstenbewohner.

Geschichte Die Flagge ging aus einem Wettbewerb hervor und wurde am 01.10.1958, dem Tag der Autonomieerklärung, eingeführt. 1960 erhielt Madagaskar seine Unabhängigkeit von Frankreich.

Malawi

→ S. 121

Staatsform: Präsidiale Republik im Commonwealth
Einwohner: 9,900 Mio.
Fläche: 118 480 km²
Hauptstadt: Lilongwe
Bevölkerungsdichte: 84 Ew./km²
Amtssprache: Chichewa, Englisch
Religion: Christen 66 %, tradit. Religionen 18 %, andere 16 %

Bedeutung Schwarz steht für Afrika, Rot symbolisiert das vergossene Blut, Grün die Wälder und Felder Malawis. Die aufgehende Sonne repräsentiert den Anbruch einer neuen Zeit. Ihre 31 Strahlen nehmen Bezug auf die Tatsache, dass Malawi 1964 der 31. unabhängige Staat Afrikas wurde.

Geschichte Die Farben stammen von der Flagge der »Malawi Congress Party« (MCP), die sich seit 1953 für die Unabhängigkeit des Landes eingesetzt hatte. Das Sonnensymbol war schon Bestandteil des Kolonialwappens von 1914.

Malaysia

→ S. 119

Staatsform: Parlamentarische Wahlmonarchie
Einwohner: 21,790 Mio.
Fläche: 329 733 km²
Hauptstadt: Kuala Lumpur
Bevölkerungsdichte: 66 Ew./km²
Amtssprache: Malaiisch
Religion: Muslime 53 %, Buddhisten und Konfuzianer 30 %, andere 17 %

Bedeutung Die 14 roten und weißen Streifen repräsentieren 14 Bundesstaaten. Das blaue Feld in der Gösch steht für die Einheit der malaysischen Völker. Halbmond und Stern sind islamische Symbole. Rot, Blau und Weiß sind die Farben der einstigen Kolonialmacht Großbritannien.

Geschichte Die von den »Stars and Stripes« inspirierte Flagge wurde 1950 – damals noch mit elf Streifen – eingeführt. 1963 kamen drei neue Staaten und Streifen hinzu. Nach dem Austritt Singapurs 1965 wurde die Flagge nicht geändert.

Malediven

→ S. 118

Staatsform: Präsidiale Republik
Einwohner: 300 000
Fläche: 298 km²
Hauptstadt: Malé
Bevölkerungsdichte: 1007 Ew./km²
Amtssprache: Maldivisch (Dhivehi)
Religion: Muslime 100 %

Bedeutung Rot soll das im Kampf für die Unabhängigkeit vergossene Blut darstellen, das Grün steht für Frieden und Fortschritt. Der Halbmond ist Symbol des Islams. Die Seeflagge der Malediven war – wie auf vielen anderen arabischen Schiffen üblich – bis 1932 schlicht rot.

Geschichte Nachdem um 1932 der roten Flagge der Halbmond beigefügt war, wurde dieser 1953 auf ein grünes Feld gestellt. Mit der Unabhängigkeit von Großbritannien wurde die Flagge am 26.07.1965 offiziell eingeführt.

Mali

→ S. 120

Staatsform: Republik
Einwohner: 10,429 Mio.
Fläche: 1 240 192 km²
Hauptstadt: Bamako
Bevölkerungsdichte: 8 Ew./km²
Amtssprache: Französisch
Religion: Muslime 80 %, tradit. Religionen 18 %, Christen 2 %

Bedeutung Die panafrikanischen Farben (→ Ghana) sind das Vorbild der Flagge, deren Streifen allerdings vertikal angeordnet sind. Grün steht für die Vegetation, Gelb für die Bodenschätze, Rot für die Blutopfer des Freiheitskampfs.

Geschichte Von 1959 bis 1960 nutzte die Mali-Föderation die mit dem Kanaga-Symbol versehene Flagge. Mit der Unabhängigkeit und dem Zerfall der Föderation übernahm die Sudanesische Republik den Namen Mali und die Flagge, entfernte jedoch das Symbol.

Malta

→ S. 116

Staatsform: Republik
Einwohner: 382 000
Fläche: 316 km^2
Hauptstadt: Valletta
Bevölkerungsdichte: 1209 Ew./km^2
Amtssprache: Maltesisch
Religion: Katholiken 98 %, andere 2 %

Bedeutung Rot und Weiß sind die Farben der Malteserritter, die ein weißes Kreuz auf rotem Grund trugen. Das Georgskreuz im Obereck wurde den Maltesern 1942 von Georg VI. von England wegen ihres hartnäckigen Widerstands gegen Luftangriffe der Achsenmächte verliehen.

Geschichte Die Farben der Kreuzritter fanden erst auf dem Wappen Maltas – einem weiß-roten Schild – ihren Niederschlag. 1943 wurde das Georgskreuz eingefügt. Nach Erlangung der Unabhängigkeit von England wurde die Flagge 1964 erstmals offiziell gehisst.

Marokko

→ S. 120

Staatsform: Konstitutionelle Monarchie
Einwohner: 30,122 Mio.
Fläche: 458 730 km^2
Hauptstadt: Rabat
Bevölkerungsdichte: 66 Ew./km^2
Amtssprache: Arabisch
Religion: Muslime 99 %, andere 1 %

Bedeutung Rot ist die Farbe der Nachkommen Mohammeds. Bereits im 16. Jahrhundert, als hier die Haschimiden herrschten, die für sich die Nachkommenschaft in Anspruch nahmen, wurden auf dem Gebiet Marokkos rote Fahnen verwendet. Das Pentagramm ist das Siegel Salomons.

Geschichte 1915 wurde durch Sultan Mulay Jussuf das Pentagramm eingefügt, um die Flagge von den roten Flaggen anderer Länder unterscheidbar zu machen. Zur Unabhängigkeit von Frankreich und Spanien 1956 wurde die Flagge offiziell.

Marshallinseln

→ S. 122/123

Staatsform: Präsidiale Republik
Einwohner: 68 000
Fläche: 181 km²
Hauptstadt: Majuro
Bevölkerungsdichte: 376 Ew./km²
Amtssprache: Englisch, Marschallisch
Religion: Protestanten 80 %, Katholiken 15 %, andere 5 %

Bedeutung Der blaue Grund symbolisiert den Pazifik, der orange Streifen Wohlstand und Lebensmut, der weiße Frieden. Der 24-strahlige Stern steht für die 24 Verwaltungsbezirke, die ein Kreuz bildenden, längeren Strahlen für den christlichen Glauben der Bevölkerung.

Geschichte Die Flagge wurde 1979 von Emlain Kabua, der Frau des damaligen Präsidenten, entworfen. Die ansteigenden Linien sollen auch die parallel liegenden Inselketten des seit 1990 unabhängigen Staates repräsentieren.

Mauretanien

→ S. 120

Staatsform: Islamische Republik
Einwohner: 2,747 Mio.
Fläche: 1 030 700 km²
Hauptstadt: Nouakchott
Bevölkerungsdichte: 3 Ew./km²
Amtssprache: Arabisch
Religion: Muslime 100 %

Bedeutung Grün und Gelb sind zwei der panafrikanischen Farben. Der grüne Grund steht für die Verbundenheit der Bevölkerung mit dem Islam, wie auch der Halbmond und der Stern islamische Symbole sind. Gelb steht für die Wüste und die Bodenschätze.

Geschichte Die Flagge wurde am 01.04.1959 eingeführt, als Mauretanien autonome Republik wurde. 1960 erhielt das Land seine vollständige Unabhängigkeit von Frankreich.

Mauritius

→ S. 121

Bedeutung Rot steht für das (unblutige) Streben der Bevölkerung nach Unabhängigkeit, Blau für den Indischen Ozean, Gelb für das »Licht der Unabhängigkeit, das nun über der Insel scheint« und Grün für die Vegetation, insbesondere das Zuckerrohr.

Staatsform: Republik
Einwohner: 1,180 Mio.
Fläche: 2 040 km^2
Hauptstadt: Port Louis
Bevölkerungsdichte: 578 Ew./km^2
Amtssprache: Englisch
Religion: Hindus 52 %, Katholiken 26 %, Muslime 17 %, andere 5 %

Geschichte 1810 wurde die französische Kolonie von Großbritannien übernommen. 1906 verlieh König Eduard VII. der Insel ein Wappen, aus dessen Farben das englische Heroldsamt anlässlich der Unabhängigkeit 1968 die Flagge kreierte.

Mazedonien

→ S. 117

Bedeutung Als einzige Region des ehemaligen Jugoslawien benutzte Mazedonien nicht die panslawischen Farben. Das traditionelle Rot soll an die Fahnen erinnern, unter denen gegen die Sklaverei gekämpft wurde. Die Sonne steht für Licht, Leben, Glück und Freiheit.

Staatsform: Republik
Einwohner: 2,022 Mio.
Fläche: 25 713 km^2
Hauptstadt: Skopje
Bevölkerungsdichte: 79 Ew./km^2
Amtssprache: Mazedonisch
Religion: Christen 80 %, Muslime 20 %

Geschichte 1992 wurde eine Flagge mit Sonnensymbol eingeführt, das auf dem 1977 entdeckten Sarkophag Philipps II. abgebildet ist. Nach starken Protesten Griechenlands wurde die Flagge 1995 geändert.

Mexiko

→ S. 124/125

Bedeutung Grün symbolisiert die Unabhängigkeit, Weiß die Reinheit des Glaubens und Rot das Blut und die Gleichheit aller Einwohner. Das Wappen im Zentrum geht auf eine aztekische Legende zurück und zeigt einen auf einem Kaktus sitzenden Adler mit einer Schlange im Schnabel.

Staatsform: Präsidiale Bundesrepublik
Einwohner: 97,362 Mio.
Fläche: 1 964 375 km^2
Hauptstadt: Mexiko-Stadt
Bevölkerungsdichte: 50 Ew./km^2
Amtssprache: Spanisch
Religion: Katholiken 89 %, Protestanten 6 %, andere 5 %

Geschichte Die Flagge wurde 1821 für die Befreiungsarmee Mexikos entworfen. Bis 1823 und von 1865 bis 1867 trug der Adler die mexikanische Kaiserkrone. Die jetzige Gestaltung wurde zuletzt 1968 festgelegt.

Mikronesien

→ S. 122

Bedeutung Die blaue Farbe ist die der UN-Flagge und soll den Pazifischen Ozean symbolisieren. Die vier Sterne stehen für die vier Inselgruppen Chuuk, Kosrae, Pohnpei und Yap.

Geschichte Als ein Teil des unter der Verwaltung der USA stehenden UN-Treuhandgebiets Pazifische Inseln erlangte Mikronesien 1979 seine Unabhängigkeit. Die Flagge wurde bereits 1978 eingeführt.

Staatsform: Bundesrepublik
Einwohner: 131 000
Fläche: 702 km^2
Hauptstadt: Kolonia Town
Bevölkerungsdichte: 187 Ew./km^2
Amtssprache: Englisch
Religion: Katholiken 50 %, Protestanten 48 %, andere 2 %

Moldawien (Moldau)

→ S. 117

Staatsform: Republik
Einwohner: 4,431 Mio.
Fläche: 33 843 km²
Hauptstadt: Chisinau
Bevölkerungsdichte: 131 Ew./km²
Amtssprache: Moldawisch
Religion: Russ.-Orth. 98 %, andere 2 %

Bedeutung Die Farben der 1990 eingeführten Flagge wie auch das Staatswappen – ein goldener Adler mit einem Kreuz im Schnabel – gehen auf die Flagge und das Wappen Rumäniens zurück. Der Schild zeigt traditionelle Symbole Moldawiens: Ochsenkopf, Rose, Halbmond und Stern.

Geschichte Während der Auflösung der Sowjetunion, in die Moldawien seit 1940 eingegliedert war, orientierte sich die separatistische Bewegung an den Staatssymbolen Rumäniens, mit dem Moldawien geschichtlich eng verbunden ist.

Monaco

→ S. 116

Staatsform: Konstit. Monarchie
Einwohner: 34 000
Fläche: 1,95 km²
Hauptstadt: Monaco
Bevölkerungsdichte: 17 436 Ew./km²
Amtssprache: Französisch
Religion: Katholiken 95 %, andere 5 %

Bedeutung Die Farben Rot und Weiß sind dem Wappen der Grimaldis entlehnt, auf dem zwei Schwerter schwingende Mönche einen Schild mit rot-weißen Rautenfeldern halten. Der Legende nach gelangten die Eroberer Monacos – Vorfahren der Fürstenfamilie Grimaldi – 1297 als Mönche verkleidet in die Festung.

Geschichte Die Flagge wurde 1881 unter Karl III. eingeführt. Ursprünglich verwendete man eine weiße Flagge mit dem Wappen der Grimaldis, ab 1881 trug die Flagge nur noch die Wappenfarben.

Mongolei

→ S. 118/119

Staatsform: Republik
Einwohner: 2,651 Mio.
Fläche: 1 566 500 km²
Hauptstadt: Ulan-Bator
Bevölkerungsdichte: 2 Ew./km²
Amtssprache: Mongolisch
Religion: Buddhisten, musl. Minderheit

Bedeutung Rot ist die Farbe der sozialistischen Staaten, wird heute aber als Symbol des Fortschritts und des Wohlstands interpretiert. Blau steht für das Volk der Mongolen. Das »Soyonbo« genannte Emblem am Liek ist eine Kombination mehrerer buddhistischer Symbole.

Geschichte Der Vorgänger der Flagge wurde 1945 eingeführt – damals allerdings noch mit dem gelben Stern des Kommunismus, der 1992 entfernt wurde. Das »Soyonbo«-Emblem war schon von 1924 bis 1940 Bestandteil der mongolischen Flagge.

Mosambik

→ S. 121

Staatsform: Republik
Einwohner: 19,105 Mio.
Fläche: 801 590 km²
Hauptstadt: Maputo
Bevölkerungsdichte: 24 Ew./km²
Amtssprache: Portugiesisch
Religion: Tradit. Religionen 60 %, Christen 30 %, Muslime 10 %

Bedeutung Grün steht für den Naturreichtum, Schwarz für Afrika, Gelb für die Erzvorkommen, Weiß für den Frieden, Rot für den Freiheitskampf. Im Wappen symbolisieren der Stern Marxismus, das Buch Ausbildung, die Maschinenpistole Wachsamkeit und die Hacke Landwirtschaft.

Geschichte Die Farben sowie das Wappen stammen von der Befreiungsfront FRELIMO, die seit 1964 den bewaffneten Kampf gegen die Kolonialmacht Portugal führte und 1975 die Unabhängigkeit erreichte. Zur Nationalflagge wurde sie 1983.

Myanmar (Birma)

→ S. 118

Bedeutung Rot steht für den Mut der Bevölkerung, Blau für Frieden und Weiß für Reinheit. Die 14 Sterne repräsentieren die 14 Provinzen des Landes. Die beiden Reisähren sowie das Zahnrad symbolisieren die Landwirtschaft und die Industrie.

Staatsform: Republik
Einwohner: 46,402 Mio.
Fläche: 676 552 km^2
Hauptstadt: Yangon (Rangun)
Bevölkerungsdichte: 69 Ew./km^2
Amtssprache: Birmanisch
Religion: Theravada-Buddhisten 89 %, Muslime 4 %, Baptisten 3 %, andere 4 %

Geschichte 1948, nach dem Ende der britischen Kolonialzeit, wurde zunächst eine rot-weiße Flagge mit einem großen und fünf kleineren Sternen in der Gösch eingeführt. 1974 wurde ein den Sozialismus stärker repräsentierendes Emblem gewählt.

Namibia

→ S. 120/121

Bedeutung Blau steht für den Himmel wie für das kostbare Wasser, Rot für das tätige Volk und dessen Heldenmut, Grün für den Naturreichtum, Weiß für Frieden und Einheit. Die Sonne ist das Symbol des Lebens und der Energie.

Staatsform: Republik
Einwohner: 1,648 Mio.
Fläche: 824 292 km^2
Hauptstadt: Windhoek
Bevölkerungsdichte: 2 Ew./km^2
Amtssprache: Englisch
Religion: Christen 90 %, andere 10 %

Geschichte Die Flagge kombiniert die Farben der kommunistischen Partei SWAPO (Blau, Rot, Grün) und der Demokratischen Turnhallen-Allianz (Rot, Weiß, Blau). Eingeführt wurde die Flagge zur Unabhängigkeit von Südafrika am 21.03.1990.

Nauru

→ S. 122

Bedeutung Die Flagge symbolisiert die Lage der durch den Stern dargestellten Insel wenige Grade südlich des Äquators, der als gelbe Linie den blauen Pazifik durchschneidet. Die zwölf Strahlen des Sterns stehen für die zwölf einheimischen Stämme.

Staatsform: Parlamentarische Republik im Commonwealth
Einwohner: 11 500
Fläche: 21,3 km²
Hauptstadt: Yaren
Bevölkerungsdichte: 540 Ew./km²
Amtssprache: Nauruisch, Englisch
Religion: Christen 95 %, andere 5 %

Geschichte Ab 1947 wurde die Insel gemeinsam von Australien, Großbritannien und Neuseeland verwaltet. Die jetzige Flagge, Siegentwurf eines Wettbewerbs, wird seit 1968, dem Jahr der Unabhängigkeit, gehisst.

Nepal

→ S. 118

Bedeutung Rot ist die Farbe der Nationalblume Rhododendron, der blaue Rand symbolisiert den Frieden. Der Halbmond mit dem Stern repräsentiert das Königshaus, die Sonne die Dynastie der Rana, die bis 1951 den Premierminister stellte.

Staatsform: Parlamentarische Monarchie
Einwohner: 24,702 Mio.
Fläche: 147 181 km²
Hauptstadt: Kathmandu
Bevölkerungsdichte: 168 Ew./km²
Amtssprache: Nepali
Religion: Hindus 90 %, Buddhisten 5 %, Muslime 3 %, andere 2 %

Geschichte Die eigentümliche Form der am 16.12.1962 eingeführten Flagge resultiert aus dem Zusammennähen von zwei Wimpeln. Sie ist die einzige nicht-rechteckige Nationalflagge der Welt.

Neuseeland

→ S. 122/123

Bedeutung Die Flagge beruht auf dem »Blue Ensign«, der britischen Dienstflagge mit dem Union Jack in der Gösch. Die vier Sterne, die in drei Größen auf der Flagge erscheinen, symbolisieren das Sternenbild »Kreuz des Südens«.

Staatsform: Parlamentarische Monarchie im Commonwealth
Einwohner: 3,807 Mio.
Fläche: 270 534 km²
Hauptstadt: Wellington
Bevölkerungsdichte: 14 Ew./km²
Amtssprache: Englisch, Maori
Religion: Christen 60 %, Maori 20 %, andere 20 %

Geschichte Britische Kolonien durften seit 1865 den »Blue Ensign« mit einem zusätzlichen Abzeichen führen. Dieses bestand für Neuseeland seit 1867 aus den Buchstaben »NZ«. 1869 wurden die Sterne eingeführt, 1902 offiziell.

Nicaragua

→ S. 125

Bedeutung Die Flagge ist nahezu identisch mit der Flagge der 1823 gegründeten Vereinigten Provinzen Zentralamerikas. Das dreieckige Wappen symbolisiert Gleichheit, die Phrygische Mütze Freiheit, die fünf Vulkane stehen für die ursprünglich fünf Staaten der Vereinigung.

Staatsform: Republik
Einwohner: 4,813 Mio.
Fläche: 120 254 km²
Hauptstadt: Managua
Bevölkerungsdichte: 40 Ew./km²
Amtssprache: Spanisch
Religion: Katholiken 95 %, andere 5 %

Geschichte Nach dem Zerfall der Föderation 1838 behielt Nicaragua das Grundmotiv bei, ersetzte jedoch die fünf Vulkane durch einen Vulkan. Über dem Wappen steht nun »República de Nicaragua«.

Niederlande

→ S. 116

Bedeutung Die »Prinsevlag« genannte, orange-weiß-blaue Flagge wurde von den Livreefarben Wilhelms I. von Oranien (Weiß und Blau) sowie dessen Herrschaftssitz Orange in Frankreich abgeleitet. Unter seiner Führung kämpften ab 1572 die Spanischen Niederlande für ihre Unabhängigkeit.

Staatsform: Konstitutionelle Monarchie
Einwohner: 15,808 Mio.
Fläche: 41 526 km²
Hauptstadt: Amsterdam
Bevölkerungsdichte: 381 Ew./km²
Amtssprache: Niederländisch
Religion: Katholiken 36 %, Protestanten 27 %, andere 37 %

Geschichte Ab etwa 1630 wurde Orange in Rot geändert, wahrscheinlich weil die Farbe haltbarer ist. In der Folgezeit wetteiferten beide Farben miteinander, bis am 19.02.1937 durch königlichen Erlass die Farbfolge Rot-Weiß-Blau festgeschrieben wurde.

Niger

→ S. 120

Bedeutung Orange symbolisiert die Wüste und die Savanne, Weiß Unschuld und Reinheit (oder auch den Fluss Niger), Grün den Regenwald. Die Scheibe steht sowohl für die Sonne als auch für einen Verteidigungsbereitschaft signalisierenden Kreisschild.

Staatsform: Republik
Einwohner: 10,076 Mio.
Fläche: 1 267 000 km²
Hauptstadt: Niamey
Bevölkerungsdichte: 8 Ew./km²
Amtssprache: Französisch
Religion: Muslime 85 %, tradit. Religionen 14 %, Christen 1 %

Geschichte Die Flagge des einst zu Französisch-Westafrika gehörenden Landes wurde am 23.11.1959 eingeführt, ein Jahr vor der Erlangung der Unabhängigkeit. Die Flagge wurde zusammen mit der der Elfenbeinküste entworfen.

Nigeria

→ S. 120

Bedeutung Die grünen Streifen stehen für die Fruchtbarkeit des Landes, der weiße für Frieden und Einheit. Angeblich ließ sich der Gestalter der Flagge, ein Student namens Akonkunmi, während eines Rundflugs über Nigeria zu dem Entwurf inspirieren.

Staatsform: Bundesstaatliche Republik
Einwohner: 123,338 Mio.
Fläche: 923 768 km²
Hauptstadt: Abuja
Bevölkerungsdichte: 134 Ew./km²
Amtssprache: Englisch
Religion: Muslime 50 %, Christen 40 %, tradit. Religionen 10 %

Geschichte Der ursprüngliche Siegerentwurf eines Wettbewerbs von 1959 – ein Jahr vor der Unabhängigkeit von Großbritannien – hatte auf dem weißen Streifen eine rote Sonne, die jedoch von der Jury gestrichen wurde.

Norwegen

→ S. 116

Bedeutung Bis auf das blaue Kreuz ist die norwegische Flagge identisch mit der Flagge Dänemarks, von dem es seit 1397 in Personalunion regiert wurde. Das blaue Kreuz stammt von der Flagge Schwedens, mit dem Norwegen von 1814 bis 1905 vereint war.

Staatsform: Parlamentarische Monarchie
Einwohner: 4,370 Mio.
Fläche: 323 877 km²
Hauptstadt: Oslo
Bevölkerungsdichte: 13 Ew./km²
Amtssprache: Norwegisch
Religion: Evang.-Luth. 88 %, andere Christen 12 %

Geschichte Der Entwurf der Flagge stammt aus dem Jahr 1821. Ihre Verwendung wurde durch Schweden jedoch bis 1898 stark reglementiert. Seit der Unabhängigkeit 1905 ist sie offizielle Staatsflagge.

Oman

→ S. 118

Bedeutung Rot ist die traditionelle Farbe der Golfstaaten, Weiß steht für den Imam des Landes sowie für den Frieden, Grün für die »Grünen Berge« im Norden Omans. Im Obereck ist das Emblem der Albisaidi-Dynastie zu sehen.

Staatsform: Sultanat (absolute Monarchie)
Einwohner: 2,324 Mio.
Fläche: 309 500 km^2
Hauptstadt: Masqat
Bevölkerungsdichte: 8 Ew./km^2
Amtssprache: Arabisch
Religion: Muslime 86 %, Hindus 14 %

Geschichte Vom 17. Jahrhundert bis 1970 fand nahezu ununterbrochen eine schlichte rote Flagge Verwendung. Als 1970 Sultan Qabus Ibn Said seinen Vater beerbte, änderte er die Flagge komplett. 1995 wurde sie nochmals modifiziert.

Osttimor

→ S. 119

Bedeutung Die Farben gehen auf die Unabhängigkeitsbewegung Osttimors zurück, deren wichtigste Partei die »Revolutionary Front for the Independence of East Timor« (FRETELIN) ist. Der fünfstrahlige Stern symbolisiert das Licht, das in die Zukunft führt.

Staatsform: Republik
Einwohner: 949 000
Fläche: 14 609 km^2
Hauptstadt: Dili
Bevölkerungsdichte: 65 Ew./km^2
Amtssprache: Tétum, Portugiesisch
Religion: Katholiken 86 %, andere 14 %

Geschichte Die Flagge ist fast identisch mit jener Flagge, die bei der Unabhängigkeitserklärung 1975 gezeigt wurde. Seit 20.05.2002 ist das Land offiziell unabhängig.

Österreich

→ S. 116

Staatsform: Bundesstaatliche Republik
Einwohner: 8,117 Mio.
Fläche: 83 858 km²
Hauptstadt: Wien
Bevölkerungsdichte: 97 Ew./km²
Amtssprache: Deutsch
Religion: Katholiken 85 %, Protestanten 6 %, andere 9 %

Bedeutung Der Legende nach soll nach der Schlacht von Akkon 1191 nur der vom Gurt bedeckte Teil des weißen Umhangs Herzog Leopolds VI. nicht blutgetränkt gewesen sein. Rot und Weiß sind erstmals auf dem Siegel von 1230 des Babenberger Herzogs Friedrich II. nachweisbar.

Geschichte Die Flaggenfarben zählen zu den ältesten der Welt, offiziell verwendet werden sie jedoch erstmals 1786. Bis dahin waren eher die gelb-schwarzen Reichsflaggen in Gebrauch. 1918 und 1945 wurde Rot-Weiß-Rot jeweils wieder eingeführt.

Pakistan

→ S. 118

Staatsform: Islamische Republik
Einwohner: 141,554 Mio.
Fläche: 796 095 km²
Hauptstadt: Islamabad
Bevölkerungsdichte: 177 Ew./km²
Amtssprache: Urdu
Religion: Muslime 97 %, andere 3 %

Bedeutung Die grüne Farbe sowie Halbmond und Stern sind islamische Symbole. Der weiße Streifen am Liek soll die religiösen Minderheiten, vor allem die Hindus, repräsentieren. Die Flagge geht zurück auf das Tuch der Moslembruderschaft, die 1906 in Indien gegründet wurde.

Geschichte Die Flagge wurde am 11.08.1947 eingeführt, drei Tage bevor aus den überwiegend mohammedanischen Gebieten Britisch-Indiens der neue Staat Pakistan geschaffen wurde. 1971 erlangte Ostpakistan als Bangladesch die Unabhängigkeit.

Palau

→ S. 122

Staatsform: Republik
Einwohner: 19 100
Fläche: 510 km²
Hauptstadt: Koror
Bevölkerungsdichte: 37 Ew./km²
Amtssprache: Palauisch, Englisch
Religion: Christen 70 %, tradit. Religionen 30 %

Bedeutung Der blaue Grund symbolisiert den Stillen Ozean sowie die Souveränität des Staates. Der gelbe Kreis, der etwas Richtung Liek verschoben ist, stellt den Vollmond dar, der die nationale Einheit symbolisiert und im Lebensrhythmus der Palauer eine wichtige Rolle spielt.

Geschichte 1979 wurde ein Wettbewerb über die neue, am 01.01.1981 einzuführende Flagge ausgeschrieben. Zur Nationalflagge wurde allerdings der Entwurf, der den 2. Platz belegte, da sich der Siegerentwurf als zu kompliziert erwies.

Panama

→ S. 125

Staatsform: Republik
Einwohner: 2,808 Mio.
Fläche: 75 517 km²
Hauptstadt: Panama-Stadt
Bevölkerungsdichte: 37 Ew./km²
Amtssprache: Spanisch
Religion: Katholiken 93 %, andere 7 %

Bedeutung Blau steht für die Ozeane und die bürgerlichen Tugenden, Rot für das vergossene Blut der Freiheitskämpfer, die Autorität des Staates und das Recht. Weiß symbolisiert Frieden und Freiheit. Die Sterne repräsentieren die Städte Panama und Colón.

Geschichte Die Flaggenfarben des seit 1903 unabhängigen Panama sind von denen der Vereinigten Staaten inspiriert, die auch maßgeblich an der Abspaltung des Landes von Kolumbien beteiligt waren. Blau und Rot stehen auch für politische Parteien.

✓ Papua-Neuguinea

→ S. 122

Staatsform: Parlam. Monarchie im Commonwealth
Einwohner: 4,50 Mio.
Fläche: 462 840 km²
Hauptstadt: Port Moresby
Bevölkerungsdichte: 10 Ew./km²
Amtssprache: Englisch, Pidgin, Motu
Religion: Christen 66 %, and. 34 %

Bedeutung Rot und Schwarz sind traditionelle Farben in der einheimischen Kunst. Die Sternenkonstellation »Kreuz des Südens« drückt die Verbundenheit mit anderen pazifischen Ländern aus. Die Federn des Paradiesvogels spielen eine große Rolle in der Folklore des Landes.

Geschichte Die Flagge wurde von der damals siebzehnjährigen Malerin Susan Karike entworfen und 1971 eingeführt. Nach der Unabhängigkeit – bis 1975 wurde das Land als Treuhandgebiet der UN von Australien verwaltet – wurde die Flagge beibehalten.

P

Paraguay

→ S. 126

Staatsform: Präsidiale Republik
Einwohner: 5,586 Mio.
Fläche: 406 752 km²
Hauptstadt: Asunción
Bevölkerungsdichte: 14 Ew./km²
Amtssprache: Spanisch, Guaraní
Religion: Katholiken 90 %, andere 10 %

Bedeutung Die Flagge trägt die Farben der französischen Trikolore, einem Symbol der Befreiung. Ebenso ist der Stern im Wappen, über dem der Staatsname steht, ein Symbol der Unabhängigkeit. Auf der Rückseite trägt die Flagge das Siegel der Finanzverwaltung Paraguays.

Geschichte Die 1812 eingeführte Flagge hatte einen breiteren weißen Streifen in der Mitte. Erst die 1842 angenommene Flagge besaß drei gleichbreite Streifen und trug die Embleme. Der Staatsname wurde 1883 eingesetzt.

Peru

→ S. 126

Staatsform: Präsidiale Republik
Einwohner: 25,7 Mio.
Fläche: 1 285 216 km^2
Hauptstadt: Lima
Bevölkerungsdichte: 20 Ew./km^2
Amtssprache: Spanisch, Quechua, Aymará
Religion: Katholiken 95 %, andere 5 %

Bedeutung Die Farben Rot und Weiß gehen wahrscheinlich auf General José de San Martín zurück, der im Kampf gegen Spanien 1820 eine peruanische Legion aufstellte und ihr rot-weiße Embleme zuteilte: Rot sind die Quasten der Inka-Könige, Weiß ist die königliche Farbe.

Geschichte 1825 führte Simón Bolívar die Flagge ein, die das Staatswappen – ein Schild mit Lama, Chinarindenbaum und Füllhorn – auf dem weißen Streifen trägt. Bei der Zivil- und Handelsflagge entfällt das Wappen.

Philippinen

→ S. 119

Staatsform: Präsidiale Republik
Einwohner: 82,841 Mio.
Fläche: 300 000 km^2
Hauptstadt: Manila
Bevölkerungsdichte: 276 Ew./km^2
Amtssprache: Filipino, Englisch
Religion: Katholiken 83 %, Prostestanten 9 %, Muslime 5 %, andere 3 %

Bedeutung Mut wird durch Rot, Idealismus durch Blau, Frieden und Reinheit durch Weiß symbolisiert. Drei Sterne stehen für die Gebiete Luzon, Visayan-Archipel und Mindanao. Die Strahlen der Freiheitssonne stehen für die acht Provinzen, die sich gegen Spanien auflehnten.

Geschichte General Emilio Aguinaldo entwarf die Flagge 1896 im Hongkonger Exil. Als die Philippinen 1898 an die USA abgetreten wurden, wurde sie erstmals gehisst. Erst 1946, im Jahr der Unabhängigkeit, wurde sie offiziell.

Polen

→ S. 116/117

Staatsform: Republik
Einwohner: 38,634 Mio.
Fläche: 312 685 km²
Hauptstadt: Warschau
Bevölkerungsdichte: 124 Ew./km²
Amtssprache: Polnisch
Religion: Katholiken 95 %, andere 5 %

Bedeutung Die Farben gehen auf das Wappen Polens zurück, einen weißen Adler auf rotem Feld, das erstmals für das Jahr 1241 bezeugt ist. Zur Zeit des Kalten Kriegs wurde Weiß als Hoffnung der Bevölkerung auf Frieden und Rot als Farbe des Sozialismus gedeutet.

Geschichte Die Bikolore erschien erstmals während eines Aufstands 1830. Zur Republikgründung 1918 wurde sie offiziell eingeführt. Polen konnte als einziger Staat im kommunistischen Machtbereich sein Vorkriegswappen nahezu unverändert weiterführen.

Portugal

→ S. 116

Staatsform: Republik
Einwohner: 10,024 Mio.
Fläche: 91 960 km²
Hauptstadt: Lissabon
Bevölkerungsdichte: 109 Ew./km²
Amtssprache: Portugiesisch
Religion: Katholiken 97 %, andere 3 %

Bedeutung Grün steht für die Hoffnung, Rot für die Revolution 1910. Auf der Armillarsphäre, ein Navigationsgerät in Form einer stilisierten Weltkugel, liegt das Wappen, fünf kreuzförmig angeordnete Schilde, umgeben von sieben kastilischen Burgen.

Geschichte Als die Republik gegründet wurde, musste man den grünen Streifen in die rote Revolutionsflagge einfügen, da auch die Flagge des Königs rot war. Die Armillarsphäre ist seit 1815 auf portugiesischen Flaggen zu finden.

Ruanda

→ S. 121

Bedeutung Blau, Gelb und Grün sollen die Völker Ruandas und deren friedliches Miteinander unter der Leben spendenden Sonne symbolisieren. Die Flagge wurde am 01.01.2002 – zusammen mit neuem Wappen und neuer Hymne – eingeführt.

Staatsform: Republik
Einwohner: 8,01 Mio.
Fläche: 26 338 km²
Hauptstadt: Kigali
Bevölkerungsdichte: 304 Ew./km²
Amtssprache: Kinyarwanda, Französisch, Englisch
Religion: Christen 74 %, tradit. Religionen 25 %, andere 1 %

Geschichte Nach der Unabhängigkeit von Belgien 1962 führte Ruanda eine Flagge in den panafrikanischen Farben Rot, Gelb und Grün. Ein schwarzes »R«, das die Flagge von der Guineas unterschied, repräsentierte neben dem Staatsnamen noch die Wörter »Revolution« und »Referendum«.

Rumänien

→ S. 117

Bedeutung Blau und Gelb sind die Farben der Walachei, Blau und Rot die Moldawiens. In Rumänien vereinigten sich die beiden ehemaligen osmanischen Provinzen. Die Farbfolge Blau-Gelb-Rot soll auch für den Himmel, Bodenschätze und Tapferkeit stehen.

Staatsform: Republik
Einwohner: 22,456 Mio.
Fläche: 238 391 km²
Hauptstadt: Bukarest
Bevölkerungsdichte: 94 Ew./km²
Amtssprache: Rumänisch
Religion: Rumänisch-Orth. 87 %, Katholiken 6 %, Protestanten 6 %, andere 1 %

Geschichte Die Flagge stammt aus dem Revolutionsjahr 1848. 1867 kam das königliche Wappen hinzu, 1948 das Staatswappen mit Symbolen des Kommunismus. Am 27.12.1989 wurde dieses Wappen per Gesetz entfernt.

Russland (Russische Föderation)

→ S. 117, 118/119

Staatsform: Republik
Einwohner: 145,3 Mio.
Fläche: 17 075 400 km²
Hauptstadt: Moskau
Bevölkerungsdichte: 9 Ew./km²
Amtssprache: Russisch
Religion: Russ.-Orth. 25 %, Muslime 15 %, Atheisten und andere 60 %

Bedeutung Ende des 17. Jahrhunderts hatte Zar Peter der Große aus den Niederlanden, wo er den Schiffbau studiert hatte, die Farben nach Russland geholt und zuerst als Handelsflagge eingeführt. Weiß stand für den Zaren, Blau für den Adel, Rot für das Volk.

Geschichte Die 1799 eingeführte Flagge wurde am 22.08.1991 wieder als Flagge der Russischen Föderation angenommen. Im 19. Jahrhundert hatten die so genannten panslawischen Farben großen Einfluss auf Flaggen anderer osteuropäischer Länder.

Salomonen

→ S. 122

Staatsform: Parlamentarische Monarchie im Commonwealth
Einwohner: 467 000
Fläche: 27 556 km²
Hauptstadt: Honiara
Bevölkerungsdichte: 17 Ew./km²
Amtssprache: Englisch
Religion: Christen 91 %, andere 9 %

Bedeutung Blau steht für den Ozean, in dem die fünf größten Inselgruppen – repräsentiert durch die fünf Sterne – liegen. Der gelbe Streifen steht für den Sonnenschein, Grün für die Vegetation der Salomonen.

Geschichte Ein schon 1975 durchgeführter Wettbewerb konnte keine Einigung über die neue Flagge erbringen. Ein Alternativentwurf wurde am 18.11.1977, ein halbes Jahr vor der Unabhängigkeit, angenommen.

Sambia

→ S. 121

Bedeutung Grün repräsentiert das Land, das zum Großteil von Wäldern und Feldern bedeckt ist. Rot steht für den Freiheitskampf, Schwarz für die Bevölkerung, Orange für die Kupfervorkommen, das wichtigste Exportgut Sambias. Der Fischadler soll den Freiheitswillen symbolisieren.

Staatsform: Präsidiale Republik
Einwohner: 9,664 Mio.
Fläche: 752 614 km^2
Hauptstadt: Lusaka
Bevölkerungsdichte: 13 Ew./km^2
Amtssprache: Englisch
Religion: Christen 63 %, tradit. Religionen 35 %, andere 2 %

Geschichte Die Farben entstammen der »United National Independence Party« (UNIP), die unter der Führung von Kenneth Kaunda die ehemalige britische Kolonie Nordrhodesien 1964 in die Unabhängigkeit führte.

Samoa

→ S. 123

Bedeutung Rot symbolisiert die Tapferkeit, Blau die Freiheit und Weiß die Reinheit der Bewohner. Das Sternenbild in der Gösch, das »Kreuz des Südens«, wurde von der Flagge Neuseelands übernommen.

Staatsform: Parlam. Monarchie
Einwohner: 180 000
Fläche: 2 831 km^2
Hauptstadt: Apia
Bevölkerungsdichte: 64 Ew./km^2
Amtssprache: Samoanisch, Englisch
Religion: Protestanten 74 %, Katholiken 26 %

Geschichte Bereits die erste Flagge von 1858 besaß die rote Grundfarbe. Nachdem ab 1899 der deutsche und der US-amerikanische Teil eigene Flaggen hatten, wurde 1948 der Vorgänger der heutigen Flagge gehisst, die am 24.02.1949 eingeführt wurde.

San Marino

→ S. 116

Staatsform: Republik
Einwohner: 27 000
Fläche: 60,57 km^2
Hauptstadt: San Marino Città
Bevölkerungsdichte: 446 Ew./km^2
Amtssprache: Italienisch
Religion: Katholiken 96 %, Protestanten 2 %, andere 2 %

Bedeutung Die Farben stammen von dem Wappen San Marinos. Weiß symbolisiert den Schnee auf dem Berg Titano und die Wolken über ihm, Blau den Himmel. Das Wappen selbst, welches die Staatsflagge ziert, zeigt drei Kastelle auf den drei Gipfeln des Monte Titano.

Geschichte Das Wappen stammt wahrscheinlich aus dem 14. Jahrhundert. Die Flagge, offiziell seit 1862, wurde wohl schon 1797 geschaffen und von Napoleon I., der Italien besetzte und San Marino unangetastet ließ, 1799 anerkannt.

São Tomé und Príncipe

→ S. 120

Staatsform: Präsidiale Republik
Einwohner: 160 000
Fläche: 1001 km^2
Hauptstadt: São Tomé
Bevölkerungsdichte: 160 Ew./km^2
Amtssprache: Portugiesisch
Religion: Katholiken 90 %, andere Christen 10 %

Bedeutung Die Flagge zeigt die panafrikanischen Farben Grün, Rot und Gelb. Das rote Dreieck erinnert an den Unabhängigkeitskampf, die beiden schwarzen Sterne repräsentieren die beiden Hauptinseln São Tomé und Príncipe.

Geschichte Die Flagge ist die der seit 1960 für die Unabhängigkeit von Portugal eintretenden Befreiungsbewegung MLSTP. Sie wurde zur Erlangung der Unabhängigkeit 1975 eingeführt.

Saudi-Arabien

→ S. 118

Bedeutung Grün ist die Farbe Mohammeds und des Islams. Das Schwert ist das Zeichen von König Abd-al-Asis, der 1932 das Land einte. Darüber steht die »Shahada«, das islamische Glaubensbekenntnis: »Es gibt keinen Gott außer Allah, und Mohammed ist sein Prophet«.

Staatsform: Absolute Monarchie
Einwohner: 21,6 Mio.
Fläche: 2 240 000 km^2
Hauptstadt: Riad
Bevölkerungsdichte: 10 Ew./km^2
Amtssprache: Arabisch
Religion: Muslime 99 %, Christen 1 %

Geschichte Die Flagge basiert auf der Ende des 19. Jahrhunderts entstandenen Flagge der Wahabiten-Dynastie, die sich als Hüter der heiligen Stätten Mekka und Medina versteht. Wegen der eingefügten »Shahada« darf sie nie auf Halbmast gesetzt werden.

Schweden

→ S. 116

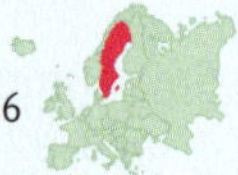

Bedeutung Blau ist die Farbe des Himmels und Gelb die der Sonne. Der Legende nach soll König Erich IX. († 1160) vor einer Schlacht im Kreuzzug gegen die heidnischen Finnen die Sonne in Form eines Kreuzes vor dem blauen Himmel erschienen sein.

Staatsform: Parlamentarische Monarchie
Einwohner: 8,854 Mio.
Fläche: 449 964 km^2
Hauptstadt: Stockholm
Bevölkerungsdichte: 20 Ew./km^2
Amtssprache: Schwedisch
Religion: Evang.-Luth. 94 %, Katholiken 2 %, andere 4 %

Geschichte Hervorgegangen ist die Flagge wohl aus dem Königswappen, das auf einem Schild vier durch ein goldenes Kreuz voneinander getrennte blaue Felder zeigt. Entstanden ist sie im 15. Jahrhundert, Nationalflagge wurde sie 1906.

Schweiz

→ S. 116

Staatsform: Republik
Einwohner: 7,164 Mio.
Fläche: 41 284 km²
Hauptstadt: Bern
Bevölkerungsdichte: 174 Ew./km²
Amtssprache: Deutsch, Französisch, Italienisch, Rätoromanisch
Religion: Katholiken 48 %, Protestanten 44 %, andere 8 %

Bedeutung Das Heilige Römische Reich Deutscher Nation führte ein (durchgehendes) weißes Kreuz auf rotem Grund als Reichsflagge. Die Verleihung der Flagge war ein Zeichen der Reichsfreiheit, d. h. der Befreiung von der landesherrlichen Gewalt.

Geschichte Die Schwyz, einer der drei Urkantone, führte die Flagge schon seit Mitte des 13. Jahrhunderts. Offizielle Nationalflagge wurde sie erst 1889. Sie ist, neben der Flagge des Vatikans, die einzige quadratische Flagge der Welt.

Senegal

→ S. 120

Staatsform: Präsidiale Republik
Einwohner: 9,987 Mio.
Fläche: 196 722 km²
Hauptstadt: Dakar
Bevölkerungsdichte: 51 Ew./km²
Amtssprache: Wolof, Französisch
Religion: Muslime 92 %, tradit. Religionen 6 %, Christen 2 %

Bedeutung Die panafrikanischen Farben sind nach dem Vorbild der französischen Trikolore vertikal geordnet. Der grüne mittige Stern ist ein Symbol der Einigkeit und der Hoffnung. Er dient auch zur Unterscheidung von der Flagge Malis.

Geschichte Die Trikolore wurde als Nationalflagge der Mali-Föderation 1959 eingeführt, die Senegal zusammen mit Mali bildete. Nach der Unabhängigkeit von Frankreich und dem Bruch des Staatenbunds 1960 setzte Senegal den Stern auf die Flagge.

Serbien und Montenegro

→ S. 116/117

Staatsform: Bundesrepublik
Einwohner: 10,662 Mio.
Fläche: 102 173 km²
Hauptstadt: Belgrad
Bevölkerungsdichte: 104 Ew./km²
Amtssprache: Serbisch
Religion: Orthodoxe 65 %, Muslime 19 %, andere 16 %

Bedeutung Die panslawischen Farben Rot, Weiß und Blau wurden von Peter dem Großen Ende des 17. Jahrhunderts von Holland nach Russland gebracht. Serbien hatte die Farben aus Dankbarkeit für die russische Unterstützung im Kampf gegen das Osmanische Reich 1835 angenommen.

Geschichte Zur Staatsgründung 1946 wurde die Flagge mit einem aufgelegten roten Stern eingeführt. Die Bundesrepublik Jugoslawien führte die Flagge seit dem 27.04.1992 ohne Stern. Im Februar 2003 wurde der Staat in Serbien und Montenegro umbenannt.

Seychellen

→ S. 121

Staatsform: Präsidiale Republik
Einwohner: 79 000
Fläche: 455 km²
Hauptstadt: Mahé (Victoria)
Bevölkerungsdichte: 174 Ew./km²
Amtssprache: Kreolisch
Religion: Katholiken 90 %, andere 10 %

Bedeutung Rot, Weiß und Grün sind die Farben der »Seychelles Peoples United Party« (SPUP) und waren ab 1977 auch die alleinigen Farben der Flagge. Für die Farben der Demokratischen Partei der Seychellen, Blau und Gelb, wurde mit der Verfassung 1993 der Weg geebnet.

Geschichte Ein Jahr nach der Unabhängigkeit von Frankreich im Jahre 1976 putschte sich die SPUP an die Macht und führte eine rot-weiß-grüne Flagge ein, deren wellenförmige Streifen das Meer symbolisierten. 1996 wurde die Flagge geändert.

Sierra Leone

→ S. 120

Bedeutung Grün steht für die Landwirtschaft, die Berge und die natürlichen Ressourcen des Landes, Weiß für Frieden und Gerechtigkeit, Blau für das Meer und die Hauptstadt Freetown, die über den für den Außenhandel enorm wichtigen, einzigen Naturhafen Sierra Leones verfügt.

Staatsform: Präsidiale Republik
Einwohner: 4,9 Mio.
Fläche: 71 740 km²
Hauptstadt: Freetown
Bevölkerungsdichte: 68 Ew./km²
Amtssprache: Englisch
Religion: Tradit. Religionen 52 %, Muslime 40 %, Christen 8 %

Geschichte Die Nationalfarben des seit 1961 von Großbritannien unabhängigen Landes stammen von seinem Wappen, das 1960 vom Heroldsamt in London entworfen wurde: Ein Löwe vor einer Gebirgskette versinnbildlicht den Staatsnamen »Löwengebirge«.

Simbabwe

→ S. 121

Bedeutung Die Farben des Panafrikanismus, Grün, Gelb und Rot, stehen für Landwirtschaft, Bodenschätze und Freiheitskampf. Das weiße Dreieck symbolisiert Gerechtigkeit, der rote Stern die politischen Ziele. Der Große Zimbabwe-Vogel ist Nationalemblem und steht für Reichtum.

Staatsform: Präsidiale Republik
Einwohner: 12,5 Mio.
Fläche: 390 757 km²
Hauptstadt: Harare
Bevölkerungsdichte: 32 Ew./km²
Amtssprache: Englisch
Religion: Synkretisten 50 %, Christen 26 %, tradit. Religionen 24 %

Geschichte Die ehemalige britische Kolonie Rhodesien erklärte unter weißer Führung 1965 ihre Unabhängigkeit. Erst 1980 kam es – unter Beteiligung der ZANU-Partei, von der die Flaggenfarben stammen – zur Gründung des Staates Simbabwe.

Singapur

→ S. 118/119

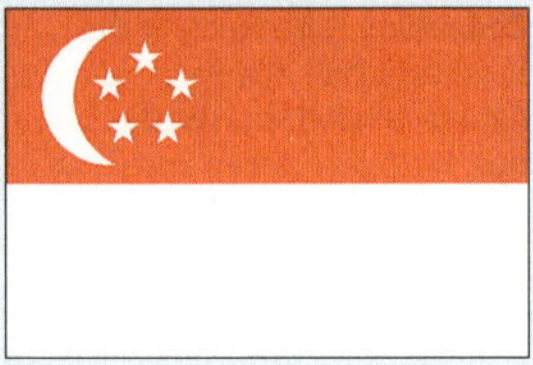

Staatsform: Republik
Einwohner: 3,263 Mio.
Fläche: 659,9 km²
Hauptstadt: Singapur
Bev.-Dichte: 4945 Ew./km²
Amtssprache: Malaiisch, Chinesisch, Tamil, Englisch
Religion: Buddhisten 30 %, Christen 20 %, Muslime 17 %, and. 33 %

Bedeutung Rot steht für Brüderlichkeit und Gleichheit, Weiß für ewige Reinheit und Treue. Der islamische Halbmond soll den Aufstieg der jungen Nation versinnbildlichen. Die fünf Sterne repräsentieren die Staatsideale Demokratie, Fortschritt, Frieden, Gerechtigkeit und Gleichheit.

Geschichte Rot und Weiß sind traditionelle Farben der Malayen. Sie kamen 1959 auf Flagge und Wappen des Stadtstaates, als der britischen Kolonie die erweiterte Autonomie zugestanden wurde. Die Unabhängigkeit besitzt Singapur seit 1965.

Slowakei

→ S. 116

Staatsform: Republik
Einwohner: 5,415 Mio.
Fläche: 49 034 km²
Hauptstadt: Bratislava (Preßburg)
Bevölkerungsdichte: 110 Ew./km²
Amtssprache: Slowakisch
Religion: Katholiken 80 %, Protestanten 12 %, andere 8 %

Bedeutung Die Slowakei führt die panslawischen Farben in der Reihenfolge der Russischen Föderation: Weiß-Blau-Rot. Das Staatswappen zeigt in diesen Farben ein orthodoxes Doppelkreuz, das über einer die Berge der Slowakei darstellenden Abbildung steht.

Geschichte Die die Unabhängigkeit anstrebenden Bewegungen im 19. Jahrhundert verwendeten bereits die panslawischen Farben, die auch als Teilstaat der Tschechoslowakei geführt wurden. Am 01.09.1992 wurde die neue Flagge eingeführt.

Slowenien

→ S. 116

Staatsform: Republik
Einwohner: 1,967 Mio.
Fläche: 20 253 km^2
Hauptstadt: Ljubljana (Laibach)
Bevölkerungsdichte: 97 Ew./km^2
Amtssprache: Slowenisch
Religion: Katholiken 96 %, andere 4 %

Bedeutung Über den panslawischen Farben liegt das die drei Gipfel des Triglav zeigende Staatswappen, die Wellenlinien stehen für die Flüsse Save und Drau. Die Sterne stammen vom Wappen der Grafschaft Cilli (Celje), symbolisieren aber auch die Jahre 1918, 1945 und 1991.

Geschichte Slowenien führte die panslawischen Farben (die auch die des Herzogtums Krain sind), seit es 1918 ein Teil Jugoslawiens wurde – ab 1947 mit rotem Stern. Zur Unabhängigkeit am 26.06. 1991 wurde das neu geschaffene Staatswappen aufgelegt.

Somalia

→ S. 121

Staatsform: Präsidiale Republik
Einwohner: 9,157 Mio.
Fläche: 637 657 km^2
Hauptstadt: Mogadischu
Bevölkerungsdichte: 14 Ew./km^2
Amtssprache: Somali
Religion: Muslime 99 %, andere 1 %

Bedeutung Der blaue Grund wurde von der Flagge der Vereinten Nationen übernommen. Die fünf Zacken des Sterns stehen für die Einheit des über fünf Gebiete verteilten Volks der Somalis: das ehemalige britische und italienische Somaliland, Äthiopien, Dschibuti und Kenia.

Geschichte 1954 führte das ehemalige Italienisch-Somaliland die Flagge ein, die bei der Vereinigung und der Unabhängigkeit 1960 übernommen wurde. Der Stern wurde von der italienischen Kolonie bereits seit 1919 im Wappen geführt.

Spanien

→ S. 116

Staatsform: Parlam. Monarchie
Einwohner: 39,513 Mio.
Fläche: 505 986 km²
Hauptstadt: Madrid
Bevölkerungsdichte: 78 Ew./km²
Amtssprache: Spanisch, Katalanisch, Galizisch, Baskisch
Religion: Katholiken 99 %, andere 1 %

Bedeutung Die Farben Rot und Gelb stammen aus den Wappen der Königreiche Kastilien und Aragón, die 1469 durch Heirat vereinigt wurden und in der Folgezeit die Kernländer des spanischen Reichs bildeten. Seit 1981 wird das Wappen auf der Staatsflagge gezeigt.

Geschichte Erstmalig wurde die Flagge 1785 auf spanischen Kriegsschiffen eingeführt, was die Identifizierung auf See erleichtern sollte. 1873/74 und von 1931 bis 1939 führte Spanien eine rot-gelb-purpurne Trikolore als Zeichen der Republik.

Sri Lanka

→ S. 118

Staatsform: Republik
Einwohner: 18,584 Mio.
Fläche: 65 610 km²
Hauptstadt: Colombo
Bevölkerungsdichte: 283 Ew./km²
Amtssprache: Singhalesisch, Tamil
Religion: Hinayana-Buddhisten 70 %, Hindus 15 %, Christen 8 %, Muslime 7 %

Bedeutung Der goldene Löwe auf rotem Grund war die Flagge des Königreichs Kandy. Grün repräsentiert den muslimischen Bevölkerungsteil, Orange die hinduistischen Tamilen, der gelbe Rand die buddhistische Mehrheit. Die Pipul-Blätter sind buddhistische Symbole.

Geschichte 1946 wurde in Ceylon die Löwenflagge eingeführt, was aber zu Protesten der Minderheiten führte, die sich erst 1951 auf der Flagge repräsentiert sahen. Zur Änderung des Staatsnamens wurden 1972 die vier Blätter hinzugefügt.

St. Kitts und Nevis

→ S. 125

Staatsform: Parlamentarische Monarchie im Commonwealth
Einwohner: 43 000
Fläche: 269 km²
Hauptstadt: Basseterre
Bevölkerungsdichte: 160 Ew./km²
Amtssprache: Englisch
Religion: Protestanten 85 %, Katholiken 10 %, andere Christen 5 %

Bedeutung Grün symbolisiert die Landschaft der Inseln, Rot erinnert an den Freiheitskampf. Gelb steht für das sonnige Klima, Schwarz für das afrikanische Erbe, da die meisten Bewohner von schwarzen Sklaven abstammen. Die beiden Sterne stehen für Hoffnung und Freiheit.

Geschichte Die Lehrerin Edrice Lewis gewann mit ihrem Entwurf einen Wettbewerb mit 258 Einsendungen. Die Flagge wurde am 19.09.1983, dem Tag der Unabhängigkeit von Großbritannien, erstmals gehisst.

St. Lucia

→ S. 125

Staatsform: Parlamentarische Monarchie im Commonwealth
Einwohner: 157 000
Fläche: 616 km²
Hauptstadt: Castries
Bevölkerungsdichte: 255 Ew./km²
Amtssprache: Englisch
Religion: Katholiken 90 %, andere 10 %

Bedeutung Der blaue Grund symbolisiert sowohl den Himmel als auch den Ozean. Das gelbe Dreieck steht für die Sonne, das schwarze für den dominierenden schwarzen Bevölkerungsanteil, der weiße Winkel für die weiße Minderheit. Die Spitzen repräsentieren die höchsten Berge.

Geschichte 1967, als die Insel von Großbritannien den assoziierten Status erhielt, wurde die Flagge, die der einheimische Künstler Dunstan St. Omer entwarf, eingeführt. Zur Unabhängigkeit 1979 wurde die Flagge leicht modifiziert.

St. Vincent und die Grenadinen

→ S. 125

Staatsform: Parlamentarische Monarchie im Commonwealth
Einwohner: 119 000
Fläche: 389 km²
Hauptstadt: Kingstown
Bevölkerungsdichte: 306 Ew./km²
Amtssprache: Englisch
Religion: Protestanten 75 %, Katholiken 9 %, andere 16 %

Bedeutung Die Farbfolge Blau-Gelb-Grün steht für Himmel, Sonnenschein und Vegetation. Die drei stilisierten Diamanten erinnern einerseits an den Beinamen »Edelstein der Antillen«, den Saint Vincent trägt, andererseits steht die »V«-Form auch für »Victory« und den Inselnamen.

Geschichte Die 1979 bei der Erlangung der Unabhängigkeit von Großbritannien eingeführte Flagge trug noch das Staatswappen – zwei Frauen an einem Opferaltar. Am 21.10.1985 wurde die Flagge geändert.

Südafrika

→ S. 121

Staatsform: Republik
Einwohner: 42,393 Mio.
Fläche: 1 219 090 km²
Hauptstadt: Pretoria
Bevölkerungsdichte: 35 Ew./km²
Amtssprache: Englisch, elf weitere Amtssprachen
Religion: Protestanten 55 %, Katholiken 9 %, andere 36 %

Bedeutung Rot, Weiß und Blau sind die Farben der Burenrepublik, die sich aus der niederländischen Flagge ergaben. Gelb, Schwarz und Grün sind die Farben des »African National Congress« (ANC). Der zum Liek hin gespaltene grüne Streifen soll Annäherung und Einigung symbolisieren.

Geschichte Seit 1928 wurde eine orange-weiß-blaue Trikolore gehisst, auf der der Union Jack sowie die Flaggen Transvaals und des Oranje-Freistaats zu sehen waren. Mit dem Ende des Apartheidregimes wurde 1994 die neue Flagge eingeführt.

Sudan

→ S. 121

Bedeutung Rot, Weiß und Schwarz sind die panarabischen Farben, wie in der Flagge Ägyptens. Rot steht hier für den Sozialismus, Weiß für Reinheit, Frieden und Optimismus, Schwarz für Afrika. Das grüne Dreieck symbolisiert den Islam und das Staatswohl.

Staatsform: Republik
Einwohner: 35,08 Mio.
Fläche: 2 505 813 km^2
Hauptstadt: Khartoum
Bevölkerungsdichte: 14 Ew./km^2
Amtssprache: Arabisch
Religion: Muslime 70 %, tradit. Religionen 20 %, Christen 5 %, andere 5 %

Geschichte Von 1877 bis 1956 wurde das Land gemeinsam von Ägypten und Großbritannien regiert. Bis 1970 führte das Land verschiedene eigene Flaggen. Die jetzige Flagge entstand in einem Ideenwettbewerb und unterstreicht die arabisch-islamische Tradition.

Suriname

→ S. 126

Bedeutung Rot symbolisiert Liebe und Fortschritt, Weiß Frieden und Gerechtigkeit, Grün die Vegetation und Hoffnung auf eine bessere Zukunft. Der Stern steht für die Einheit des Volkes, die gelbe Farbe für die Opfer, die das Volk auf dem Weg des Fortschritts erbringen muss.

Staatsform: Präsidiale Republik
Einwohner: 435 000
Fläche: 163 265 km^2
Hauptstadt: Paramaribo
Bevölkerungsdichte: 3 Ew./km^2
Amtssprache: Niederländisch
Religion: Christen 48 %, Hindus 27 %, Moslems 20 %, andere 5 %

Geschichte Das ehemalige Niederländisch-Guyana hisste am Unabhängigkeitstag, dem 25.11.1975, seine neue Flagge. Wichtig war vor allem die Repräsentation der beiden großen politischen Gruppierungen in den Farben Rot und Grün.

Swasiland

→ S. 121

Staatsform: Unabhängige Monarchie im Commonwealth
Einwohner: 938 000 Mio.
Fläche: 17 363 km²
Hauptstadt: Mbabane
Bevölkerungsdichte: 54 Ew./km²
Amtssprache: Siswati, Englisch
Religion: Christen 70 %, tradit. Religionen 30 %

Bedeutung Blau steht für Frieden, Gelb für den Reichtum des Landes, Rot für die Schlachten der Vergangenheit. Der horizontale Schild ist der des Emasotsha-Regiments. Er ist an einem quastengeschmückten Kampfstock befestigt, über dem zwei Speere zu sehen sind.

Geschichte Die 1954 entworfene Flagge beruht auf einer Fahne, die 1941 vom damaligen König Sobhuza II. dem Swasi-Pionierkorps übergeben wurde. 1967, ein Jahr vor der Unabhängigkeit von Großbritannien, wurde die Flagge eingeführt.

Syrien

→ S. 118

Staatsform: Präsidiale Republik
Einwohner: 16,306 Mio.
Fläche: 185 180 km²
Hauptstadt: Damaskus
Bevölkerungsdichte: 88 Ew./km²
Amtssprache: Arabisch
Religion: Muslime 90 %, Christen 10 %

Bedeutung Die Flagge in den panarabischen Farben ist die der Vereinigten Arabischen Republik, die Syrien von 1958 bis 1961 zusammen mit Ägypten bildete. Die zwei Sterne standen ursprünglich für die beiden Staaten, heute werden sie als Syrien und Irak gedeutet.

Geschichte Nachdem Syrien ab 1963 die Flagge mit drei grünen Sternen geführt hatte, bildete es 1972 mit Libyen und Ägypten eine Föderation und trug eine Flagge mit dem goldenen Kuraisch-Falken. 1980 wurde wieder die Flagge von 1958 eingeführt.

Tadschikistan

→ S. 118

Bedeutung Rot stammt aus der Flagge der Sowjetunion, Weiß symbolisiert die Baumwolle als wichtigstes Exportprodukt, Grün steht für die Landwirtschaft. Die goldene Krone mit den sieben Sternen steht für die Souveränität des Staates und die Freundschaft unter allen Völkern.

Staatsform: Republik
Einwohner: 6,579 Mio.
Fläche: 143 100 km²
Hauptstadt: Duschanbe
Bevölkerungsdichte: 46 Ew./km²
Amtssprache: Tadschikisch
Religion: Muslime 90 %, andere 10 %

Geschichte Ab 1953 führte die Teilrepublik der UdSSR eine rote Flagge mit Hammer, Sichel und Stern, die lediglich von zwei schmalen weißen und grünen Streifen durchzogen war. Erst am 24.11.1992 wurde die neue Flagge eingeführt.

Tansania

→ S. 121

Bedeutung Grün symbolisiert das Land, Gelb seine Bodenschätze, Schwarz die Bevölkerung und den afrikanischen Kontinent, Blau das Meer. Grün, Gelb und Schwarz stammen von der Flagge Tanganjikas, Blau von der Flagge Sansibars.

Staatsform: Föderative Präsidialrepublik
Einwohner: 33,857 Mio.
Fläche: 945 234 km²
Hauptstadt: Dodoma
Bevölkerungsdichte: 36 Ew./km²
Amtssprache: Suaheli
Religion: Tradit. Religionen 42 %, Muslime 31 %, Christen 27 %

Geschichte Die Flagge des bis 1961 britischen Tanganjikas beruhte weitgehend auf der grün-schwarzen Parteiflagge der TANU. 1964 vereinigte sich das Land mit Sansibar, dessen blau-schwarz-grüne Flagge ebenfalls auf eine Partei zurückging.

Thailand

→ S. 118/119

Staatsform: Konstitutionelle Monarchie
Einwohner: 61,230 Mio.
Fläche: 513 115 km^2
Hauptstadt: Bangkok
Bevölkerungsdichte: 119 Ew./km^2
Amtssprache: Thai
Religion: Theravada-Buddhisten 95 %, Muslime 4 %, andere 1 %

Bedeutung Rot steht für die Nation, Weiß für die buddhistische Staatsreligion, Blau für die Monarchie. Angeblich wurde der Flagge im Ersten Weltkrieg die Farbe Blau hinzugefügt, um die Verbündeten zu ehren: Großbritannien, die USA und Frankreich führen blau-weiß-rote Flaggen.

Geschichte Die ursprünglich rote Flagge trug Mitte des 19. Jahrhunderts den weißen Elefanten von König Rama III. Ab 1916 war die Flagge rot-weiß gestreift, um dann 1917 statt des mittleren roten einen blauen Streifen zu erhalten.

Togo

→ S. 120

Staatsform: Präsidiale Republik
Einwohner: 5,019 Mio.
Fläche: 56 785 km^2
Hauptstadt: Lomé
Bevölkerungsdichte: 88 Ew./km^2
Amtssprache: Französisch
Religion: Tradit. Religionen 50 %, Christen 35 %, Muslime 15 %

Bedeutung Grün und Gelb repräsentieren die Landwirtschaft und die Bodenschätze, ihre Streifenanordnung die fünf Regionen des Landes. Das Rot steht für das im Unabhängigkeitskrieg vergossene Blut. Der weiße Stern symbolisiert die Hoffnung.

Geschichte Die erste Nationalflagge von 1957 enthielt schon die panafrikanischen Farben: Auf grünem Grund lagen zwei gelbe Sterne und in der Gösch die französische Trikolore. Zur Unabhängigkeit 1960 wurde die neue Flagge eingeführt.

Tonga

→ S. 123

Bedeutung Rot stellt das von Jesus Christus für die Rettung der Menschheit vergossene Blut dar, Weiß symbolisiert Reinheit. Das schwebende Kreuz im Obereck versinnbildlicht die enge Beziehung des damaligen Königs zum Christentum.

Geschichte Der von englischen Missionaren zum Christentum bekehrte König Tupou I. führte 1862 eine weiße Flagge mit rotem Kreuz ein. Da sie jedoch der Flagge des 1864 gegründeten Roten Kreuzes glich, wurde sie 1866 geändert.

Staatsform: Konstitutionelle Monarchie im Commonwealth
Einwohner: 104 000
Fläche: 748 km²
Hauptstadt: Nuku'alofa
Bevölkerungsdichte: 139 Ew./km²
Amtssprache: Tongaisch
Religion: Protestanten 82 %, Katholiken 18 %

T

Trinidad und Tobago

→ S. 126

Bedeutung Rot steht für die Lebenskraft der Bevölkerung, Weiß für das Meer sowie für die Reinheit der Ideale und die Gleichheit der Menschen. Der schwarze Balken soll die Einheit der Insulaner, aber auch die Bodenschätze Erdöl, Erdgas und Asphalt symbolisieren.

Geschichte Die ehemaligen britischen Kolonien Trinidad und Tobago vereinigten sich 1899. Zur Unabhängigkeit 1962 wurde die Flagge eingeführt und bisher auch nicht geändert.

Staatsform: Präsidiale Republik im Commonwealth
Einwohner: 1,176 Mio.
Fläche: 5 128 km²
Hauptstadt: Port of Spain
Bevölkerungsdichte: 229 Ew./km²
Amtssprache: Englisch
Religion: Christen 58 %, Hindus 30 %, Moslems 8 %, andere 4 %

Tschad

→ S. 121

Staatsform: Republik
Einwohner: 8,135 Mio.
Fläche: 1 284 200 km^2
Hauptstadt: N'Djaména
Bevölkerungsdichte: 6 Ew./km^2
Amtssprache: Französisch, Arabisch
Religion: Muslime 44 %, Christen 33 %, tradit. Religionen 23 %

Bedeutung Der blaue Streifen symbolisiert den Himmel sowie die Gewässer des südlichen Landesteils, der gelbe die Leben spendende Sonne sowie die Wüsten im Norden Tschads. Rot steht für den Fortschritt, die Einheit und die Opferbereitschaft der Bevölkerung.

Geschichte Die Flagge ist von der Trikolore beeinflusst und zeigte ursprünglich die panafrikanischen Farben. Da die Opposition jedoch Grün führte, wurde 1959 Grün durch Blau ersetzt. Seit 1989 ist die Flagge identisch mit der Rumäniens.

Tschechien (Tschechische Republik)

→ S. 116

Staatsform: Republik
Einwohner: 10,272 Mio.
Fläche: 78 866 km^2
Hauptstadt: Prag
Bevölkerungsdichte: 130 Ew./km^2
Amtssprache: Tschechisch
Religion: Katholiken 44 %, andere Christen 18 %, andere 38 %

Bedeutung Weiß und Rot stammen aus dem Wappen Böhmens, das einen weißen Löwen auf rotem Grund zeigt. Blau wurde hinzugefügt, um die Flagge von den angrenzenden Ländern Österreich und Polen unterscheidbar zu machen, wodurch man die panslawischen Farben erhielt.

Geschichte 1919 vereinigte sich das ehemalige österreichische Gebiet mit der Slowakei zur Tschechoslowakei. Die neue Flagge wurde ab 1920 verwendet. Seit der Trennung der Länder 1993 wird die Flagge von Tschechien weitergeführt.

Tunesien

→ S. 120

Staatsform: Präsidiale Republik
Einwohner: 9,681 Mio.
Fläche: 163 610 km²
Hauptstadt: Tunis
Bevölkerungsdichte: 59 Ew./km²
Amtssprache: Arabisch
Religion: Muslime 98 %, Christen 1 %, andere 1 %

Bedeutung Das Rot stammt von der türkischen Flagge und symbolisiert das im Freiheitskampf vergossene Blut. Halbmond und Stern sind Embleme des Islams, die in einem die Sonne und die Einheit des Landes symbolisierenden weißen Kreis liegen.

Geschichte Als Teil des Osmanischen Reichs benutzte man auf dem Gebiet Tunesiens türkische Flaggen. 1835 wurden Halbmond und Stern auf den weißen Kreis gelegt. Zur Zeit des französischen Protektorats (1881–1956) war in der Gösch die Trikolore eingefügt.

Türkei

→ S. 117, 118

Staatsform: Republik
Einwohner: 65,667 Mio.
Fläche: 774 815 km²
Hauptstadt: Ankara
Bevölkerungsdichte: 85 Ew./km²
Amtssprache: Türkisch
Religion: Muslime 99 %, andere 1 %

Bedeutung Halbmond und Stern sind islamische Symbole. Der Halbmond wird in der türkischen Mythologie mit Osman, dem Begründer des Osmanischen Reichs, in Verbindung gebracht. Er steht für Glück, Fruchtbarkeit und Gesundheit sowie für die religiöse Sendung des Reichs.

Geschichte Eine rote Flagge mit drei Halbmonden verwendete die osmanische Seestreitmacht bereits 1571 in der Schlacht bei Lepanto. Der Stern erscheint zuerst 1793. 1936 wurde die Verwendung der heutigen Flagge amtlich festgelegt.

Turkmenistan

→ S. 118

Staatsform: Präsidiale Republik
Einwohner: 4,603 Mio.
Fläche: 488 100 km^2
Hauptstadt: Ashgabat
Bevölkerungsdichte: 9 Ew./km^2
Amtssprache: Turkmenisch
Religion: Muslime 85 %, Orthodoxe 10 %, andere 5 %

Bedeutung Grün ist die traditionelle Farbe der Turktataren. Der Halbmond steht für eine klare Zukunft, die Sterne für fünf Regionen des Landes. Das Ornament am Liek präsentiert fünf traditionelle Teppichmuster, die Olivenzweige darunter symbolisieren Neutralität.

Geschichte 1992 wurde die aus einem Ideenwettbewerb hervorgegangene Flagge eingeführt. 1997 hat man das unterste Motiv durch die in der Flagge der UN abgebildeten Olivenzweige ergänzt, um die 1995 beschlossene Neutralität zu dokumentieren.

Tuvalu

→ S. 123

Staatsform: Konstitutionelle Monarchie im Commonwealth
Einwohner: 10 838
Fläche: 26 km^2
Hauptstadt: Vaiaku
Bevölkerungsdichte: 417 Ew./km^2
Amtssprache: Tuvaluisch, Englisch
Religion: Protestanten 97 %, andere 3 %

Bedeutung Der Union Jack in der Gösch drückt die Verbundenheit mit der ehemaligen Kolonialmacht Großbritannien aus. Die neun Sterne auf blauem Grund stehen für die neun Inseln des Staates. Ihre Anordnung entspricht in etwa der tatsächlichen Lage der Inseln.

Geschichte Zur Unabhängigkeit am 01.10.1978 wurde die Flagge eingeführt. Von 1995 bis 1997 führte Tuvalu eine Flagge mit dem Nationalwappen und ohne den Union Jack, da die damalige Regierung dem Commonwealth-Gedanken kritisch gegenüberstand.

Uganda

→ S. 121

Staatsform: Republik
Einwohner: 23,598 Mio.
Fläche: 242 554 km²
Hauptstadt: Kampala
Bevölkerungsdichte: 97 Ew./km²
Amtssprache: Kisuaheli, Englisch
Religion: Christen 66 %, tradit. Religionen 18 %, Muslime 16 %

Bedeutung Schwarz steht für den afrikanischen Kontinent und die Bevölkerung, Gelb für das Sonnenlicht und die Lage Ugandas am Äquator, Rot für die Freundschaft aller Menschen. Der Kronenkranich war bereits zur britischen Kolonialzeit das Emblem des Landes.

Geschichte Zur Unabhängigkeit Ugandas 1962 wurde die Parteiflagge des »Uganda People's Congress« (UPC), der siegreich aus den Wahlen hervorgegangen war, mit dem Emblem des Kronenkranichs versehen und als Nationalflagge eingeführt.

Ukraine

→ S. 117

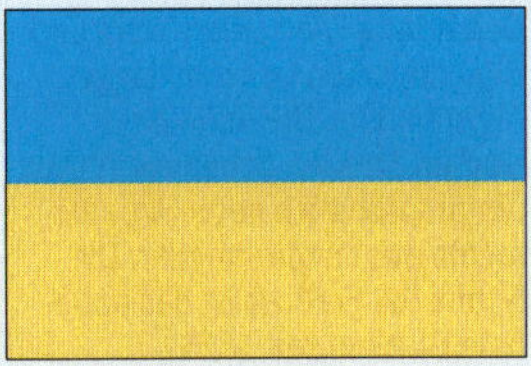

Staatsform: Präsidiale Republik
Einwohner: 49,291 Mio.
Fläche: 603 700 km²
Hauptstadt: Kiew
Bevölkerungsdichte: 82 Ew./km²
Amtssprache: Ukrainisch, Russisch
Religion: v. a. orth. Christen, protest. und jüdische Minderheiten

Bedeutung Die blau-gelbe Flagge stellt den Himmel über den weiten Weizenfeldern des Landes dar. Die Farben stammen von einem alten galizischen Wappen, einem goldenen Löwen auf blauem Grund, dessen Motiv Mitte des 19. Jahrhunderts zeitweilig auch auf Flaggen zu sehen war.

Geschichte Die Flagge wurde 1918 erstmals gehisst, 1919 jedoch verboten. Die Ukrainische SSR führte eine rote Flagge mit Hammer, Sichel und Stern sowie einem blauen Streifen. Zur Unabhängigkeit 1991 wurde die alte Flagge wieder eingeführt.

Ungarn

→ S. 116/117

Bedeutung Rot steht für Mut und die Blutopfer der Ungarn in den Freiheitskämpfen, Weiß für Reinheit und Gewissenhaftigkeit, Grün für die Hoffnung. Die Verwendung der Farbenkombinationen Weiß-Rot und Rot-Grün sind in Ungarn seit dem 9. Jahrhundert belegt.

Staatsform: Parlamentarische Republik
Einwohner: 10,208 Mio.
Fläche: 93 030 km^2
Hauptstadt: Budapest
Bevölkerungsdichte: 110 Ew./km^2
Amtssprache: Ungarisch
Religion: Katholiken 68 %, Protestanten 25 %, andere 7 %

Geschichte 1848 wurde die Flagge von Aufständischen erstmals verwendet. Österreich-Ungarn nahm die Farben 1867 auf. 1918 wurden sie zur Flagge der Ungarischen Republik. Von 1949 bis 1956 war auf ihr das sozialistische Staatswappen zu sehen.

Uruguay

→ S. 126

Bedeutung Die Farben Weiß und Blau stammen von der Flagge Argentiniens. Die neun blau-weißen Streifen geben die Anzahl der ursprünglich neun Departements des Landes wieder. Die Sonne der Freiheit ist das nationale Emblem seit 1815.

Staatsform: Präsidiale Republik
Einwohner: 3,309 Mio.
Fläche: 175 016 km^2
Hauptstadt: Montevideo
Bevölkerungsdichte: 19 Ew./km^2
Amtssprache: Spanisch
Religion: Katholiken 77 %, Protestanten 3 %, Juden 2 %, andere 18 %

Geschichte An der Spitze des Freiheitskampfes gegen Spanien (1811–1815) stellte sich José Artigas, der die Farben Argentiniens verwendete. Nach der Unabhängigkeit von Argentinien 1930 wurden die seit 1828 geführten neun blauen Streifen auf vier verringert.

Usbekistan

→ S. 118

Staatsform: Republik
Einwohner: 25,155 Mio.
Fläche: 447 400 km²
Hauptstadt: Taschkent
Bevölkerungsdichte: 56 Ew./km²
Amtssprache: Usbekisch
Religion: Muslime 88 %, andere 12 %

Bedeutung Blau steht für Himmel und Wasser, Weiß für Frieden und Reinheit, Grün für die Natur und den Islam, Rot für die Lebenskraft der Bevölkerung. Der Neumond in der Gösch symbolisiert neben dem Islam die Entstehung der neuen Republik, die zwölf Sterne die Monate des Jahres.

Geschichte Ab 1952 wehte über der Sowjetrepublik Usbekistan eine rote Flagge mit Hammer, Sichel und Stern, die einen blauen, weiß gesäumten Streifen führte. Am 18.11.1991 wurde die, aus über 200 Entwürfen ausgewählte, neue Flagge eingeführt.

Vanuatu

→ S. 122

Staatsform: Parlamentarische Republik im Commonwealth
Einwohner: 199 000
Fläche: 12 190 km²
Hauptstadt: Port Vila
Bevölkerungsdichte: 16 Ew./km²
Amtssprache: Bislama, Englisch, Französisch
Religion: Christen 80 %, tradit. Religionen 20 %

Bedeutung Die Farbe Rot symbolisiert das Blut der Bevölkerung, Grün die Inseln, Schwarz den fruchtbaren Boden. Das gelbe »Y« gibt die geografische Lage der Inseln zueinander an. Der Eberzahn bedeutet Macht und Reichtum, die Zweige der einheimischen Namelen-Pflanze Frieden.

Geschichte Das seit 1906 von Frankreich und Großbritannien verwaltete Vanuatu – früher Neue Hebriden genannt – führte zur Unabhängigkeit 1980 die Flagge ein, die von der Fahne der einheimischen Vanuaaku-Partei beeinflusst wurde.

Vatikanstadt

→ S. 116

Bedeutung Gold und Silber sind die Farben der Himmelsschlüssel Petri, die im fliegenden Ende der quadratischen Flagge die Tiara, die Papstkrone, tragen. Gelb (Gold) versinnbildlicht die Macht anzuhalten und zu binden, Silber (Weiß) die Macht zu entlassen und zu öffnen.

Staatsform: Absolute priesterliche Wahlmonarchie
Einwohner: 860
Fläche: 0,44 km²
Hauptstadt: Vatikanstadt
Bevölkerungsdichte: 1955 Ew./km²
Amtssprache: Latein, Italienisch
Religion: Katholiken 100 %

Geschichte Im 15. Jahrhundert wurden erstmals Flaggen mit den Schlüsseln gebraucht. Gelb-weiße Kokarden wurden 1808 eingeführt. Mit den Lateranverträgen 1929, die die Unabhängigkeit Vatikanstadts regelten, entstand die neue Flagge.

Venezuela

→ S. 126

Bedeutung Der Führer der Freiheitsbewegung, General Francisco de Mirinda, hisste 1806 die Flagge in den Farben Gelb, Blau und Rot. Das goldene Amerika war durch den blauen Ozean vom blutig-roten Spanien getrennt. Die sieben Sterne stehen für die sieben Provinzen.

Staatsform: Bundesrepublik
Einwohner: 23,543 Mio.
Fläche: 912 050 km²
Hauptstadt: Caracas
Bevölkerungsdichte: 26 Ew./km²
Amtssprache: Spanisch
Religion: Katholiken 96 %, Protestanten 2 %, andere 2 %

Geschichte Die Flagge Venezuelas war von 1819 bis 1830 die Flagge Groß-Kolumbiens, das Venezuela mit Kolumbien und Ecuador bildete. Später entwickelten sich daraus gleich breite Streifen.

Vereinigte Arabische Emirate

→ S. 118

Staatsform: Föderation autonomer Emirate
Einwohner: 2,938 Mio.
Fläche: 83 600 km^2
Hauptstadt: Abu Dhabi
Bevölkerungsdichte: 35 Ew./km^2
Amtssprache: Arabisch
Religion: Muslime 96 %, andere 4 %

Bedeutung Der 1971 gegründete Staat wählte die panarabischen Farben. Grün steht hier für die Fruchtbarkeit des Landes, Weiß für Neutralität, Schwarz für den Ölreichtum. Rot ist die traditionelle Flaggenfarbe der Region und damit der Mitgliedsstaaten.

Geschichte Die sechs Emirate Abu Dhabi, Dubai, Sharjah, Ajman, Fudjairah und Umm al-Qaiwain schlossen sich 1971 zu den Vereinigten Arabischen Emiraten zusammen und hissten am 01.01.1972 die neue Flagge. Im selben Jahr trat Ras al-Khaimah bei.

Vereinigte Staaten von Amerika

→ S. 124/125

Staatsform: Präsidiale Republik
Einwohner: 281,422 Mio.
Fläche: 9 629 091 km^2
Hauptstadt: Washington
Bevölkerungsdichte: 29 Ew./km^2
Amtssprache: Englisch
Religion: Protestanten 56 %, Katholiken 28 %, Juden 2 %, andere 14 %

Bedeutung Die Farben stammen von der Flagge Großbritanniens, das bis 1776 Kolonialmacht war. Die 13 Streifen stehen für die 13 Kolonien, die sich zu den Vereinigten Staaten zusammenschlossen, die 50 Sterne im Obereck für die gegenwärtig 50 Staaten der Vereinigung.

Geschichte 1777 wurde die erste von bislang 28 Flaggen eingeführt. Die Absicht, jeden neuen Mitgliedsstaat auch durch einen weiteren Streifen zu symbolisieren, erwies sich bald als illusorisch. 1960 kam für Hawaii der bisher letzte Stern hinzu.

Vietnam

→ S. 119

Bedeutung Der rote Grund steht für die sozialistische Revolution und die Blutopfer des Volks. Der Stern ist Symbol des Kommunismus. Seine fünf Strahlen stehen für die Volksgruppen Arbeiter, Bauern, Intellektuelle, Jugendliche und Soldaten sowie deren Einheit im sozialistischen Staat.

Staatsform: Volksrepublik
Einwohner: 77,8 Mio.
Fläche: 331 113 km²
Hauptstadt: Hanoi
Bevölkerungsdichte: 235 Ew./km²
Amtssprache: Vietnamesisch
Religion: Buddhisten 70 %, Katholiken 8 %, andere 22 %

Geschichte Die Widerstandsbewegung unter Ho Chi Minh gegen die japanische Okkupation verwendete 1941 bereits eine ähnliche Flagge. Nach der Teilung 1954 führte Nordvietnam die Flagge ein, die seit 1976 für das wiedervereinigte Vietnam steht.

Weißrussland (Belarus)

→ S. 117

Bedeutung Grün steht für die Wälder und Landwirtschaft, Rot für Kommunismus (die Farben stammen aus der Zeit als Sowjetrepublik). Das ungewöhnliche Ornament im Vorliek symbolisiert die Geschichte des Landes – die traditionellen Farben Weißrusslands sind Rot und Weiß.

Staatsform: Präsidiale Republik
Einwohner: 10,179 Mio.
Fläche: 207 595 km²
Hauptstadt: Minsk
Bevölkerungsdichte: 49 Ew./km²
Amtssprache: Weißruss., Russ.
Religion: Russ.-Orth. 60 %, Atheisten 23 %, Röm.-Kath. 15 %, andere 2 %

Geschichte Nach der Unabhängigkeit 1991 wurde die alte, von 1917 bis 1919 gültige weiß-rot-weiße Flagge wieder eingeführt, jedoch 1995 unter Präsident Lukaschenko durch die heutige, an die Flagge der Sowjetrepublik erinnernde Version ersetzt.

Zentralafrikanische Republik

→ S. 121

Bedeutung Die Flagge enthält sowohl die Farben der Kolonialmacht Frankreich (Rot, Weiß und Blau) als auch die panafrikanischen Farben (Rot, Gelb und Grün). Der senkrechte rote Streifen erinnert an die Gleichheit des Bluts aller Rassen. Der Stern ist das Symbol der Einheit.

Staatsform: Präsidiale Republik
Einwohner: 3,782 Mio.
Fläche: 622 984 km^2
Hauptstadt: Bangui
Bevölkerungsdichte: 6 Ew./km^2
Amtssprache: Sango, Französisch
Religion: Christen 50 %, tradit. Religionen 27 %, Muslime 15 %, andere 8 %

Geschichte Die zur Unabhängigkeit 1958 eingeführte Flagge ist angeblich ein Entwurf des Fürsten Barthelemy Boganda. Sie gibt der Hoffnung auf eine Vereinigung der Staaten des äquatorialen Afrikas unter französischer Protektion Ausdruck.

Zypern

→ S. 117

Bedeutung Die Farbe Weiß steht für den Frieden, wie auch die Olivenzweige das friedliche Miteinander der griechischen und türkischen Zyprioten symbolisieren sollen. Die kupferfarbene Abbildung Zyperns erinnert an die lateinische Bedeutung des Namens: »Kupferinsel«.

Staatsform: Präsidiale Republik
Einwohner: 734 000
Fläche: 9 251 km^2
Hauptstadt: Nikosia
Bevölkerungsdichte: 79 Ew./km^2
Amtssprache: Griechisch, Türkisch
Religion: Griech.-Orth. 77 %, Muslime 18 %, andere 5 %

Geschichte 1571 geriet Zypern unter die Herrschaft des Osmanischen Reichs, ab 1878 stand es unter britischer Kontrolle. Zur Unabhängigkeit 1960 wurde eine möglichst neutrale Flagge gewählt, die keine der beiden Volksgruppen repräsentieren sollte.

Historische Flaggen

Gerade das von Kriegen und revolutionären Umbrüchen geprägte 20. Jahrhundert hat gezeigt, wie vergänglich Nationen sein können. Viele Flaggen früherer Staaten sind uns aber auch heute noch gegenwärtig – weil sie zum Symbol eines politischen Systems oder einer Weltanschauung geworden sind, aber auch, weil sie oft von rückwärts gewandten politischen Gruppierungen weiter verwendet werden.

Schwarz-Weiß-Rot (»Bismarckflagge«)

Am 26.07.1867 führte Bismarck die schwarz-weiß-rote Flagge für den Norddeutschen Bund ein. Schwarz und Weiß waren die Farben Preußens, Rot wurde von den Flaggen der Hanse und Brandenburgs übernommen. Von 1871 bis zum Ende des Ersten Weltkriegs 1918 war sie die Flagge des Deutschen Reiches, in der Weimarer Republik Handelsflagge.

Reichskriegsflagge

Die Farben Schwarz und Weiß sowie das Kreuz und der Adler sind Symbole Preußens. In der Gösch liegt das Eiserne Kreuz über der »Bismarckflagge«. Die Flagge war seit 1867 die Kriegsflagge des Norddeutschen Bundes und wurde noch bis 1922 von der Reichsmarine der Weimarer Republik gehisst. Die heute reproduzierte Form ist die von 1903.

Hakenkreuzflagge

Am 15.09.1935 bestimmte Hitler die Hakenkreuzflagge, die seit 1920 Parteiflagge der NSDAP war und bewusst in den Farben des alten Reichs gehalten war, zur offiziellen Nationalflagge des Deutschen Reichs. Ihre Darstellung ist heute nur in historischer Absicht erlaubt.

Flagge der DDR
Nachdem die DDR zehn Jahre lang Schwarz-Rot-Gold geführt hatte, wurde am 01.10.1959 das Wappen mit Hammer, Zirkel und Ährenkranz – in Anlehnung an die Flagge der Sowjetunion und als Symbol des friedlichen Wiederaufbaus – eingeführt. Die Flagge hatte bis zur Wiedervereinigung am 03.10.1990 Bestand.

»Flagge des Südens« (Südstaatenflagge)
Im amerikanischen Bürgerkrieg (1861–1865) wurde die Flagge als »Battle Flag«, die Kriegsflagge der Konföderierten, eingeführt. Das Andreaskreuz oder »Kreuz des Südens« wurde von der Flagge South Carolinas entlehnt, die Farben sind die der »Stars and Stripes«.

Flagge der UdSSR
Die rote Flagge geht auf die Französische Revolution zurück und war schon früh die Flagge der Marxisten. Während des Bürgerkriegs (1918–1924) führte sie die bolschewistische Rote Armee. Hammer und Sichel symbolisieren den Zusammenschluss der Werktätigen unter der Führung der Partei, dem Stern.

Flagge der Sozialistischen Republik Jugoslawien
Mit Gründung der Republik 1946 wurden die panslawischen Farben eingeführt. Der Stern war das Abzeichen der kommunistischen Partisanen unter Tito. Die Bundesrepublik Jugoslawien hat diesen 1992 entfernt. Am 04.02.2003 wurde der Staatsname per Parlamentsbeschluss in Serbien und Montenegro geändert.

Internationale Flaggen

Wie Einzelstaaten führen auch internationale Vereinigungen oft eine Flagge. Diese werden bei Zusammenkünften oder vor den Gebäuden der Gemeinschaftsorganisationen gezeigt. Die Flagge der Vereinten Nationen findet bei den »Blauhelmeinsätzen« Verwendung.

Arabische Liga

Die Flagge der 1945 gegründeten Organisation führt unter dem muslimischen Glaubensbekenntnis den islamischen Halbmond. Die Kette symbolisiert Einheit, der Lorbeerkranz Frieden und Ehre. Grün ist die Farbe des Propheten Mohammed und des Islam.

ASEAN

Die »Association of South East Asian Nations« wurde 1967 gegründet. Die zehn Stiele stehen für die zehn Mitgliedsstaaten Brunei, Indonesien, Kambodscha, Laos, Malaysia, Myanmar, Philippinen, Singapur, Thailand und Vietnam. Blau symbolisiert den Frieden.

Commonwealth of Nations

Die 1949 gegründete Organisation ist ein Zusammenschluss von Großbritannien und seinen einst abhängigen Gebieten. Auf tiefem »britischen« Blau leuchtet eine Weltkugel, deren Strahlen den für »Commonwealth« stehenden Buchstaben »C« ergeben.

Europäische Union

Die Flagge wurde am 25.12.1955 ursprünglich für den Europarat eingeführt. Blau gilt als Farbe Europas; die zwölf Sterne stehen nicht für Einzelstaaten, sondern symbolisieren Vollkommenheit und Vollständigkeit, die alle Völker Europas einschließen soll.

NATO
1954 wurde die Flagge für die am 04.04.1949 gegründete North Atlantic Treaty Organization eingeführt. Blau steht für den Atlantik, der die Mitgliedsstaaten verbindet. Der Kreis ist Symbol der Einigkeit, die Kompassnadel steht für den gemeinsamen Friedenskurs.

Olympische Bewegung
Baron Pierre de Coubertin entwarf die Flagge 1914. Die Farbe Weiß mahnt die Menschen zum brüderlichen Umgang und friedlichen Wettkampf. Der blaue Ring symbolisiert Europa, der gelbe Asien, der schwarze Afrika, der grüne Australien und der rote Ring Amerika.

Roter Halbmond
Da das christliche Symbol der Kreuzes für viele islamische Staaten nicht akzeptabel war, wurde die Flagge mit dem roten Halbmond eingeführt.
Das Osmanische Reich schuf 1868 die erste nationale Organisation des Roten Halbmondes.

Rotes Kreuz
1864 wurde das Internationale Komitee vom Roten Kreuz von Henry Dunant in Genf gegründet. Um das Gastgeberland zu ehren, wurde die Flagge der Schweiz, die ihrerseits auf Heerzeichen des Heiligen Römischen Reichs Deutscher Nation zurückgeht, farblich umgekehrt.

Vereinte Nationen
Der Entwurf stammt von 1945; die heute gültige Form wurde auf der UN-Vollversammlung am 20.10.1947 verabschiedet. Die am Nordpol zentrierte Weltkarte soll den globalen, die umgebenden Ölzweige den friedlichen Charakter der Organisation symbolisieren.

Glossar

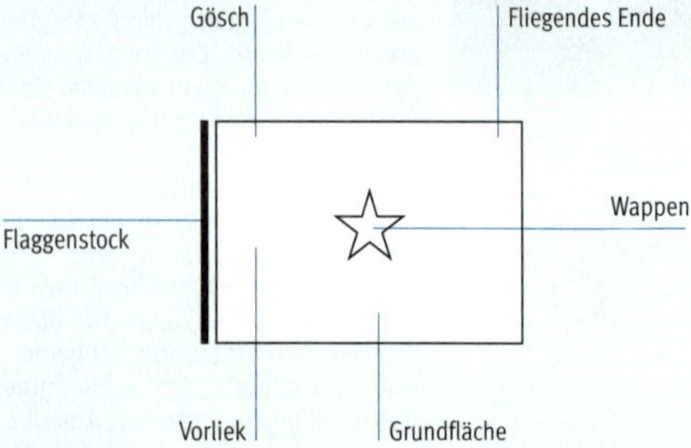

Andreaskreuz

Andreaskreuz (Schrägkreuz) Meist bis zu den Flaggenrändern reichendes diagonales Kreuz.

Banner Fahne, die an einer Querstange angebracht ist.

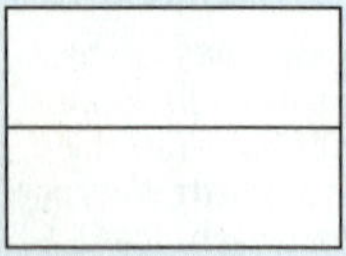

Bikolore

Bikolore Flagge mit zwei Farbstreifen.

Fahne Im Gegensatz zur → Flagge fest an einer Stange angebrachtes Tuch, das nicht nur Symbol eines Staates, einer Organisation oder eines Truppenteils ist, sondern auch selbst zum Gegenstand der Ehrerbietung werden kann.

Flagge Im Gegensatz zur → Fahne ein Tuch, das mittels einer Leine gehisst und niedergeholt werden kann und im Falle von Nationalflaggen den betreffenden Staat repräsentiert.

Fliegendes Ende Die dem Mast oder der Fahnenstange abgewandte, bei Flaggendarstellungen immer rechts liegende Hälfte der Flagge (→ Vorliek).

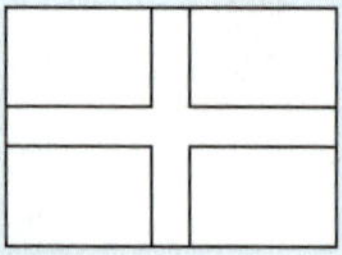

Georgskreuz

Georgskreuz (Gerades Kreuz) Zentrales, bis zu den Flaggenrändern reichendes Kreuz mit vertikalem und horizontalem Balken.

Gösch (Oberecke) Die von Kriegsschiffen im Hafen gehisste Bugflagge. Oft wird auch das obere, linke Viertel einer Flagge als Gösch bezeichnet. Seeflaggen tragen häufig die Farben der Nationalflagge in der Gösch.

Heraldik Wappenkunde.

Liek Schweres Gewebe am Stangenteil der Flagge, an dem die Leine zum Hissen oder der Stock geführt wird.

Panafrikanische Farben Die von vielen afrikanischen Staaten geführten Farben Grün, Gelb und Rot gehen ursprünglich auf die Flagge von Äthiopien zurück.

Panarabische Farben Die von vielen arabischen Staaten geführten Farben Schwarz, Weiß, Grün und Rot gehen auf die Flagge des haschemitischen Reichs (Jordanien) zurück.

Panslawische Farben Die von vielen slawischen Staaten geführten Farben Weiß, Blau und Rot gehen auf die Flagge Russlands zurück.

Phrygische Mütze Die Mütze des kleinasiatischen Seeräubervolks der Phrygier wurde im antiken Rom zum Symbol der Freiheit, das während der Französischen Revolution als Jakobinermütze wieder auflebte. Die Phrygische Mütze ist in zahlreichen Wappen und Flaggen Lateinamerikas vertreten.

Schwebendes Kreuz (Griechisches Kreuz) Gerades oder diagonales Kreuz, dessen Balken nicht bis zu den Flaggenrändern reichen.

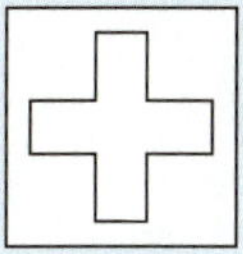

Schwebendes Kreuz

Skandinavisches Kreuz Ein nicht mittig liegendes, sondern in Richtung → Liek versetztes Kreuz.

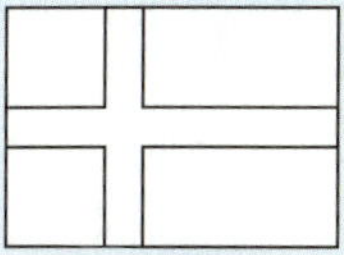

Skandinavisches Kreuz

Staatsflagge Ausgeschmückte Variante der Nationalflagge, die im Gegensatz zur → Zivilflagge nur für Dienstzwecke verwendet wird.

Standarte Ursprünglich an einer Stange angebrachtes, plastisches Symbol, oft als Feldzeichen dienend. Seit dem 19. Jahrhundert Rangflagge von Staatsoberhäuptern und Fürsten.

Stander Dreieckige, trapez- oder schwalbenschwanzförmige Flagge. Dient beim Militär oft als An- bzw. Abwesenheit anzeigendes Zeichen.

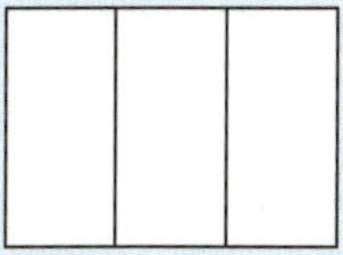

Trikolore

Trikolore Flagge mit drei Farbstreifen (vertikal oder horizontal). Der Begriff wird auch synonym für die französische Flagge verwendet.

Vexillologie Fahnen- und Flaggenkunde; die Bezeichnung stammt von den Standarten der römischen Legionen, dem Vexillum.

Vorliek Die dem Mast zugewandte, bei Flaggendarstellungen immer links liegende Hälfte der Flagge (→ Fliegendes Ende).

Wappen/Emblem Meist schildförmig umrandetes, farbiges Zeichen zur Kennzeichnung von Personen (Familienwappen), Personengruppen (Stadtwappen) oder Institutionen (Staatswappen). Neben der Nationalflagge führt nahezu jeder Staat ein eigenes Wappen. Staatswappen sind oftmals Bestandteil von Nationalflaggen.

Wimpel Kleine, dreieckige Flagge.

Zivilflagge Einfachere Variante der → Staatsflagge, die – etwa ohne das Nationalemblem – zur allgemeinen Verwendung durch die Bürger gedacht ist.

WELTKARTE

150°W
90°W
30°W
0°
75°N
Nördlicher Polarkreis
60°N
NORD-
AMERIKA
Atlantischer
30°N
Nördlicher Wendekreis
Pazifischer
Äquator
SÜD-
AMERIKA
Ozean
Südlicher Wendekreis
30°S
Ozean
150°W
90°W
30°W
0°
© MERIAN-Kartographie
0
3000 km

30°O
90°O
150°O
75°N
60°N
ASIEN
ROPA
30°N
KA
Pazifischer
Ozean
0°
Indischer
AUSTRALIEN
30°S
Ozean
OZEANIEN
30°O
90°O
150°O

EUROPA

116

20°W
0°
Nördlicher Polarkreis
Europäisches Nordmeer
ISLAND
Färöer (Dk.)
Shetland-Inseln (G.B.)
60°N
NORWEGEN
Nordsee
DÄNEMARK
GROSSBRITANNIEN
IRLAND
NIEDERLANDE
DEUTSCHLAND
BELGIEN
LUXEMBURG
Atlantischer Ozean
FRANKREICH
SCHWEIZ
LIECH.
SLOW.
ÖSTERREICH
ITALIEN
ANDORRA
MONACO
SAN MARINO
VATIKANSTADT
SPANIEN
PORTUGAL
40°N
MALTA
20°W
0°
© MERIAN-Kartographie
0
500 km

40°O
60°O
FINNLAND
RUSSLAND
60°N
TLAND
TTLAND
AUEN
ND
WEISS-
RUSSLAND
UKRAINE
MOLDAW
MÄNIEN
Asowsches
Meer
Kaspisches Meer
BUL-
GARIEN
Schwarzes Meer
TÜRKEI
(europ.)
40°N
CHEN
ND
ZYPERN
meer
40°O
60°O

ASIEN

20°W
60°N
0°
Nordpolar-
40°O
80°O
120°O
0°
40°N
RUSSLAND
Mittelmeer
Schwarzes Meer
TÜRKEI
GEORGIEN
Kasp.
KASACHSTAN
20°O
ARMENIEN
ASERBAI-DSCHAN
LIBANON
USBEKISTAN
MON
ISRAEL
SYRIEN
Meer
TURKME-NISTAN
IRAK
JORDANIEN
KIRGISISTAN
TADSCHI-KISTAN
KUWAIT
IRAN
20°N
AFGHANI-STAN
C
H
SAUDI-
Persischer Golf
BAHRAIN
Rotes Meer
PAKISTAN
KATAR
VEREINIGTE ARAB. EMIRATE
NEPAL
BHUTAN
ARABIEN
JEMEN
OMAN
INDIEN
Golf von Aden
Arabisches Meer
BANGLA-DESCH
0°
Golf von Bengalen
Indischer
MALEDIVEN
SRI LANKA
40°O
Ozean
60°O
80°O
N
© MERIAN-Kartographie
0
1000 km

0°N
60°N
40°N
meer
Nördlicher Polarkreis
160°W
Pazifischer
Nördlicher Wendekreis
180°
J A P A N
LEI
KOREA-NORD
KOREA-SÜD
N A
TAIWAN
Ozean
Äquator
PHILIPPINEN
VIETNAM
ND
MBO-CHA
160°O
BRUNEI
MALAYSIA
SINGAPUR
N D O N E S I E N
20°S
OST-TIMOR
00°O
120°O
140°O

AFRIKA

20°W
0°
Madeira
(Port.)
TUNESIEN
MAROKKO
ALGERIEN
Kanarische Inseln
(Span.)
Nördlicher Wendekreis
20°N
MAURE-
TANIEN
MALI
NIGE
KAP VERDE
SENEGAL
GAMBIA
GUINEA-BISSAU
BURKINA
FASO
GUINEA
SIERRA
LEONE
ELFEN-
BEIN-
KÜSTE
GHANA
TOGO
BENIN
NIGERIA
LIBERIA
ÄQUATORIAL-
GUINEA
Äquator
Atlantischer
SÃO TOMÉ
UND PRÍNCIPE
GA
Cabinda
(zu Angola)
Ascension
(G.B.)
St. Helena
(G.B.)
Ozean
20°S
Südlicher Wendekreis
20°W
0°
N
0
1000 km

20°O
40°O
60°O
Mittelmeer
BYEN
ÄGYPTEN
Rotes Meer
20°N
TSCHAD
SUDAN
ERITREA
DSCHIBUTI
ÄTHIOPIEN
SOMALIA
ZENTRAL-
AFRIKAN. REP.
DEMO-
KRATISCHE
REPUBLIK
KONGO
UGANDA
KENIA
0°
RUANDA
BURUNDI
TANSANIA
Indischer
SEYCHELLEN
KOMOREN
NGOLA
SAMBIA
MALAWI
MOSAMBIK
SIM-
BABWE
MADAGASKAR
MAURITIUS
20°S
Réunion
(F.)
BOTSWANA
AMIBIA
SWASILAND
LESOTHO
Ozean
SÜDAFRIKA
20°O
40°O
60°O

AUSTRALIEN UND OZEAN

N

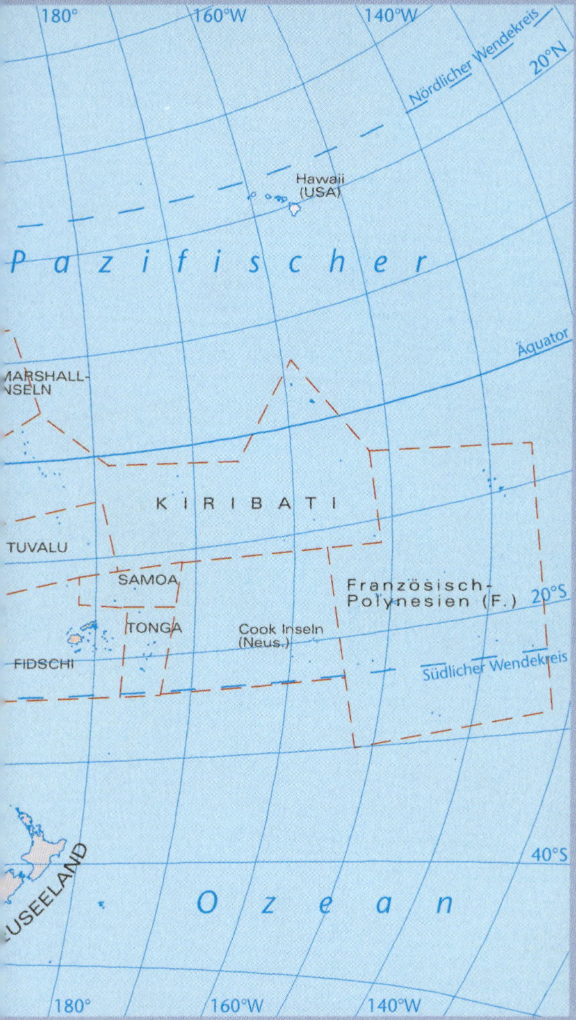

180°
160°W
140°W
Nördlicher Wendekreis
20°N
Hawaii (USA)
P a z i f i s c h e r
Äquator
MARSHALL-INSELN
K I R I B A T I
TUVALU
SAMOA
Französisch-Polynesien (F.)
20°S
TONGA
Cook Inseln (Neus.)
FIDSCHI
Südlicher Wendekreis
40°S
NEUSEELAND
O z e a n
180°
160°W
140°W

MITTEL- UND NORDAMER

124

0 1000 km

A

60° W
40° W
20° W
60° N
Grönland
(Dk.)
D A
40° N
Atlantischer
TAATEN
Bermuda
(G.B.)
MERIKA
Ozean
20° N
BAHAMAS
ST. KITTS
UND NEVIS
ANTIGUA UND
BARBUDA
Golf von
Mexiko
Puerto Rico
(USA)
KUBA
DOM.
REPUBLIK
HAITI
DOMINICA
ST. LUCIA
JAMAIKA
ST. VINCENT UND
DIE GRENADINEN
BARBADOS
BELIZE
Karibisches
Meer
GRENADA
HONDURAS
GUATEMALA
NICARAGUA
EL SALVADOR
COSTA RICA
PANAMA
80° W
60° W

SÜDAMERIKA

80°W
60°W
40°W
Karibisches Meer
TRINIDAD UND TOBAGO
VENEZUELA
GUYANA
SURINAME
FRANZ. GUAYANA (F.)
KOLUMBIEN
Äquator
ECUADOR
Galapagos-Inseln (Ecu.)
BRASILIEN
PERU
BOLIVIEN
20°S
Südlicher Wendekreis
PARAGUAY
Pazifischer
URUGUAY
CHILE
ARGENTINIEN
40°S
Atlantischer
Ozean
Falkland-Inseln (G.B.)
Ozean
60°S
80°W
60°W
40°W
N
©MERIAN-Kartographie
0
1000 km

Internetadressen

Archiv für Flaggenkunde
www.ralfstelter.de/aff_01.htm

Auswärtiges Amt, Länderinformationen
www.auswaertiges-amt.de/www/de/laenderinfos/

Deutsche Gesellschaft für Flaggenkunde e.V.
www.flaggenkunde.de

Die Flaggen unserer Welt
www.blueflash.de/flaggen/home.html

Flaggen- und Länderlexikon
www.flaggenlexikon.de

Nationalflaggen.de
www.nationalflaggen.de

Impressum

Liebe Leserinnen und Leser,

wir freuen uns, Ihre Meinung zu dieser aktualisierten Ausgabe des MERIAN kompass zu erfahren. Bitte schreiben Sie uns, wenn Sie Berichtigungen und Ergänzungsvorschläge haben oder wenn Ihnen etwas besonders gut gefällt:

Gräfe und Unzer Verlag, Reiseredaktion, Postfach 86 03 66, 81630 München,
E-Mail: merian-kompass@graefe-und-unzer.de

Verlags- und Programmleitung:
Verónica Reisenegger
Text-, Bild- und Kartenredaktion:
Britta Sauerwald
Gestaltung: Ludwig Kaiser
Karten: MERIAN-Kartographie
Produktion: Helmut Giersberg
Satz: H3A GmbH, München
Druck und Bindung: Ludwig Auer GmbH

Bei Interesse an Karten aus MERIAN-Produkten schreiben Sie bitte an:
iPUBLISH GmbH, geomatics, Berg-am-Laim-Straße 47, 81673 München
e-mail: geomatics@ipublish.de

Fotos: akg 6/7; getty images 2/3

Gedruckt auf Primabulk von Papier Union.

ISBN 3-7742-0789-5

10 9 8 7 6 5 4 3

GRÄFE UND UNZER

Ein Unternehmen der
GANSKE VERLAGSGRUPPE

Alle Flaggen der Welt Teil 2